21世纪立体化高职高专规划教材·财经系列

ERP 沙盘模拟经营

陈领会　汪丽萍　薛林生　主　编

电子工业出版社
Publishing House of Electronics Industry
北京·BEIJING

内 容 简 介

ERP 沙盘模拟经营作为一种体验式、情景式的教学方式，是继传统教学及案例教学之后的一种教学尝试。本书全面、系统地介绍了金蝶软件公司的 ERP 沙盘模拟经营教学过程，形成了完整的教学体系。全书共分物理沙盘、电子沙盘、策略和技巧 3 篇：物理沙盘介绍了 ERP 沙盘模拟经营课程概况、模拟企业概况、模拟企业的运营规则和企业的运营流程等；电子沙盘介绍了沙盘经营规则、软件安装与启动、电子沙盘运营及 ERP 沙盘运营战略分析；策略和技巧介绍了企业模拟运营战略分析、企业模拟运营技巧。通过模拟企业经营，使学习者在分析市场、制定战略、组织生产、财务管理等一系列活动中，领悟科学的管理规律，掌握管理技巧，全面提升管理能力。

本书可以作为高等职业学校工商管理类专业 ERP 沙盘实训课程的教材，也可以作为各培训机构企业经营沙盘课程的培训教材。

未经许可，不得以任何方式复制或抄袭本书之部分或全部内容。
版权所有，侵权必究。

图书在版编目（CIP）数据

ERP 沙盘模拟经营 / 陈领会，汪丽萍，薛林生主编. ——北京：电子工业出版社，2017.8
ISBN 978-7-121-32105-4

Ⅰ. ①E… Ⅱ. ①陈…②汪…③薛… Ⅲ. ①企业管理—计算机管理系统—高等学校—教材 Ⅳ. ①F270.7

中国版本图书馆 CIP 数据核字（2017）第 162175 号

策划编辑：贾瑞敏
责任编辑：贾瑞敏　　　　　　　　　　特约编辑：许振伍　孙明珍
印　　刷：北京盛通商印快线网络科技有限公司
装　　订：北京盛通商印快线网络科技有限公司
出版发行：电子工业出版社
　　　　　北京市海淀区万寿路 173 信箱　邮编 100036
开　　本：787×1 092　1/16　印张：11　字数：281.6 千字
版　　次：2017 年 8 月第 1 版
印　　次：2021 年 8 月第 4 次印刷
定　　价：28.80 元

凡所购买电子工业出版社图书有缺损问题，请向购买书店调换。若书店售缺，请与本社发行部联系，联系及邮购电话：(010)88254888，88258888。
质量投诉请发邮件至 zlts@phei.com.cn，盗版侵权举报请发邮件至 dbqq@phei.com.cn。
本书咨询联系方式：电话 010-62017651；邮箱 fservice@vip.163.com；QQ 群 427695338；微信 DZFW18310186571。

前言

在现代社会，大学生竞争激烈，就业压力剧增，是择业还是自主创业；如何培养具有创新精神和创业能力、团队合作能力、应变能力的适合岗位需求的高素质、应用型人才；尤其是，对工商管理类专业学生，如何强化实践教学、强化学生的管理知识、训练学生的管理技能，全面提高学生的综合素质。这些，都是亟待解决的问题。而ERP沙盘模拟经营，通过构建仿真企业环境，模拟真实企业的生产经营活动，把企业运营的关键环节——战略规划、资金筹集、市场营销、产品研发、生产组织、物资采购、设备投资与改造、会计核算与财务管理等部分设计为课程的主体内容，把企业运营所处的内外部环境抽象为一系列的规则，由受训者组成若干个相互竞争的管理团队，扮演着不同的角色，共同面对变化的市场竞争环境，体会企业经营运作的全过程。学生在模拟运营中，可以认识到企业资源的有限性，从而深刻理解ERP的管理思想，领悟科学的管理规律，提升管理能力。ERP沙盘模拟课程作为一种体验式、情景式、诊断式教学方式无疑是一种寓教于乐的效果显著的教学方式，在参与体验中完成从知识到技能的转化。

本书由河北软件职业技术学院陈领会、汪丽萍，漯河职业技术学院薛林生担任主编；楚雄师范学院白霞、河北软件职业技术学院卫进东担任副主编；漯河职业技术学院朱波、唐山市古冶区职业技术教育中心学校孙桂欣参编。陈领会负责拟定编写大纲、体例设计、统稿、定稿，汪丽萍主要负责全书各任务知识目标、技能目标、任务描述、学习流程、技能训练的编写。全书共分3篇，由8个任务组成，具体编写分工如下：陈领会编写任务2、3、4、6及附录各年运营记录等主要内容；汪丽萍编写任务7；薛林生编写任务1，并对任务2、3、4提出修改意见；白霞编写任务8；卫进东编写任务5；朱波参与编写任务2；孙桂欣参与编写任务6。

金蝶软件（中国）有限公司河北分公司区域经理张红丽和张可涛提供了信息咨询，决策支持。同时，我们还得到了河北软件职业技术学院信息系胡汉祥主任及甄立敏老师的关心和指导。对他们的大力帮助，在此表示由衷感谢。

由于编者水平有限，疏漏及错误之处在所难免，敬请各位同人及专家不吝指教，以便及时修正。

编　者

目 录

第1篇 企业模拟运营（物理沙盘） /1

任务1 企业模拟运营认知 /3
1.1 认知企业模拟运营 /4
    1.1.1 沙盘的起源 /4
    1.1.2 ERP的概念和ERP沙盘模拟经营课程 /4
1.2 ERP沙盘模拟经营 /5
    1.2.1 ERP沙盘模拟经营简介 /5
    1.2.2 ERP沙盘模拟经营的理论知识准备 /5
    1.2.3 ERP沙盘模拟经营课程的特色 /6
1.3 ERP沙盘模拟经营课程的意义 /7
1.4 课程教学组织 /9
    1.4.1 构建团队 /9
    1.4.2 设置虚拟企业 /10
    1.4.3 学习运营规则 /10
    1.4.4 模拟企业运营 /10
    1.4.5 现场点评与考核 /11
技能训练 /11

任务2 模拟企业构建 /12
2.1 创建企业组织机构 /13
2.2 设置企业管理团队岗位 /14
    2.2.1 CEO（首席执行官/总经理）/14
    2.2.2 CFO（首席财务官/财务总监）/14
    2.2.3 CMO（市场总监/营销总监）/15
    2.2.4 CPO（生产总监）/15
    2.2.5 CTO（采购总监）/16
2.3 公司命名与CEO就职演讲 /16
    2.3.1 公司命名、Logo、口号及公司经营目标 /16
    2.3.2 CEO就职演讲 /17
2.4 认知模拟企业 /17
    2.4.1 公司发展现状及股东期望 /17
    2.4.2 企业财务状况和经营成果描述 /17
    2.4.3 企业初始状态设定 /19
2.5 企业经营环境分析 /21
技能训练 /24

任务3 模拟企业的运营规则 /25
3.1 市场规则 /26
    3.1.1 市场开发 /26
    3.1.2 市场准入 /27
    3.1.3 竞单规则 /27
3.2 生产规则 /31
    3.2.1 厂房购买、租赁与出售 /31
    3.2.2 生产线购买、转产与维护、出售 /32
3.3 研发规则 /34
    3.3.1 产品研发 /34
    3.3.2 ISO认证 /36
    3.3.3 产品构成 /36
3.4 原材料采购 /37
    3.4.1 原材料采购规则 /38
    3.4.2 规则说明 /38
3.5 融资规则 /38
    3.5.1 融资贷款和资金贴现规则 /39
    3.5.2 规则说明 /39
3.6 综合费用、折旧、税金和利息规则 /40
    3.6.1 综合费用 /40
    3.6.2 折旧 /40
    3.6.3 税金 /40
    3.6.4 利息 /40

3.7 企业破产倒闭处理 /41
   技能训练 /41

任务 4　沙盘企业实战经营及战略 /42
   4.1 初始盘面布局 /43
      4.1.1 财务区 /44
      4.1.2 采购区 /44
      4.1.3 生产区 /44
      4.1.4 销售区 /47
   4.2 企业运营流程及经营决策 /47
      4.2.1 年初 4 项工作 /48
      4.2.2 模拟企业日常运营（每个季度）的 14 项工作 /54
      4.2.3 年末 6 项工作 /61
   4.3 起始年企业运营具体操作 /67
      4.3.1 起始年运营提示说明 /67
      4.3.2 起始年模拟运营工作流程 /67
   技能训练 /73

第 2 篇　ERP 电子沙盘经营 /75

任务 5　ERP 电子沙盘系统设置 /77
   5.1 运行 ERP 电子沙盘服务器 /78
   5.2 运行 ERP 电子沙盘教师端 /78
   5.3 运行 ERP 电子沙盘学生端 /79
   技能训练 /82

任务 6　ERP 电子沙盘经营规则及运营流程 /83
   6.1 企业电子沙盘经营规则 /84
      6.1.1 数据规则 /84
      6.1.2 产品研发规则 /85
      6.1.3 资质认证规则 /85
      6.1.4 厂房规则 /86
      6.1.5 生产线规则 /86
      6.1.6 产品生产规则 /88
      6.1.7 原材料采购规则 /88
      6.1.8 市场开发规则 /89
      6.1.9 市场招投标规则 /90
   6.2 熟悉商业环境 /90
   6.3 电子沙盘模拟运营流程 /91
      6.3.1 年初任务 /91

      6.3.2 季度任务 /93
      6.3.3 年末任务 /99
      6.3.4 关账 /103
   技能训练 /104

第 3 篇　策略和技巧 /105

任务 7　企业模拟运营战略分析 /107
   7.1 企业运营市场策略分析 /108
      7.1.1 产品投放市场策略分析 /108
      7.1.2 产品广告策略分析 /109
   7.2 产品战略分析 /109
      7.2.1 产品组合抉择 /110
      7.2.2 产品结构优化 /112
      7.2.3 研发策略 /112
   7.3 产品生产管理策略分析 /112
      7.3.1 生产能力扩大策略分析 /112
      7.3.2 生产计划策略分析 /113
   7.4 财务战略分析 /114
      7.4.1 现金流管理策略 /114
      7.4.2 预算管理策略 /116
      7.4.3 财务分析 /117
   7.5 企业模拟运营整体策略示例 /122
   技能训练 /131

任务 8　企业模拟运营技巧 /132
   8.1 广告费及抢单技巧 /133
      8.1.1 力压群雄——霸王策略 /133
      8.1.2 忍辱负重——越王策略 /134
      8.1.3 见风使舵——渔翁策略 /134
      8.1.4 见缝插针——差异化策略 /134
   8.2 生产规划及原材料采购技巧 /135
   8.3 财务技巧 /135
   8.4 产品研发技巧 /136
   技能训练 /136

附录　ERP 沙盘演练手册 /137

参考文献 /169

第1篇
企业模拟运营（物理沙盘）

任务1　企业模拟运营认知

任务2　模拟企业构建

任务3　模拟企业的运营规则

任务4　沙盘企业实战经营及战略

任务 1 企业模拟运营认知

知识目标

1. 认知企业模拟运营课程的内容。
2. 认知 ERP、沙盘及其在企业模拟运营中的作用。
3. 熟悉 ERP 沙盘模拟运营的教学组织。

技能目标

1. 能熟练说出沙盘的含义。
2. 能说明沙盘模拟的意义。

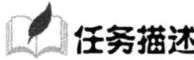 任务描述

在进行 ERP 沙盘模拟运营之前,首先要对沙盘模拟经营有一定了解,作为一种角色扮演、情景演练、体验式的全新教学模式,本课程有何特点、学到哪些知识、如何体现学生为主体。

学习流程

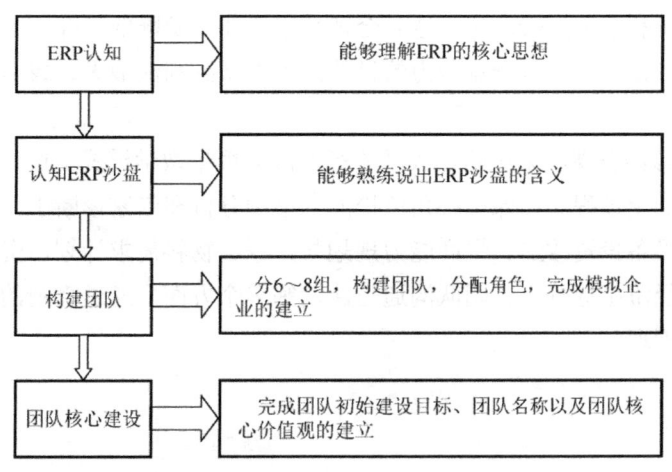

1.1 认知企业模拟运营

1.1.1 沙盘的起源

提到"沙盘",人们很容易联想到战争年代的军事作战指挥沙盘。而"沙盘"一词正是源于军事学,即通过采用各种模型来模拟战场的地形及武器装备的部署情况,并结合战略与战术的变化进行推演。在军事上,沙盘可以清晰地模拟出真实的地形地貌,摆脱了实兵演习的巨大成本和各因素的限制,在重大战役中得到普遍的运用。

因为沙盘的实用价值高,所以第一次世界大战以后,在军事上得到了广泛的应用。第二次世界大战中,德军每次组织重大战役,都预先在沙盘上予以模拟演练。后来随着电子计算机技术的发展,出现了计算机模拟战场情况的新技术,促使沙盘向自动化、多样化方向发展。

日常生活中,人们更常见的是房地产开发商销售楼盘时的小区规划布局沙盘,它可以为购房者清晰地模拟小区布局,让购房者不必亲临现场,就能对所关注的位置了然于胸,从而制定相关决策。

1.1.2 ERP的概念和ERP沙盘模拟经营课程

ERP(Enterprise Resource Planning,企业资源计划),是建立在信息技术基础上,以系统化的管理思想,为企业决策层及员工提供决策运行手段的管理平台。企业资源包括厂房、设备、仓库、库存、物料、资金、职员、订单、合同等各种内部资源,甚至还包括企业上下游的供应商、客户等,以及为企业提供各种服务的政府管理部门和社会服务部门等外部资源。企业资源计划的实质就是如何在资源有限的情况下,对企业的生产经营活动制订计划,进行事中控制和事后反馈,从而达到合理利用企业资源降低库存、减少资金占用、增加企业应变能力、提高企业市场竞争力的目的,力求做到利润最大、成本最低,即企业效益最佳。

ERP沙盘模拟经营课程采用哈佛大学流行的沙盘情景教学模式,通过游戏模拟来展示企业经营和管理的全过程。该课程融角色扮演、案例分析和专家诊断于一体,涉及整体战略、产品研发、设备投资改造、生产能力规划与排程、物料需求计划、资金需求规划、市场与销售、财务经济指标分析、团队沟通与建设等多个方面,通过直观的沙盘模拟形象地展现企业的经营管理。

1.2　ERP沙盘模拟经营

1.2.1　ERP沙盘模拟经营简介

ERP沙盘模拟经营借助ERP物理沙盘或电子沙盘，把参加训练的学生分成若干小组，每个小组4～6人，分别代表不同的一个自主经营的虚拟公司。每个小组的成员组成虚拟公司的管理团队，分别担任虚拟公司的CEO（首席执行官）、CFO（首席财务官/财务总监）、CMO（市场总监或营销总监）、CPO（生产总监）等重要职位。每个虚拟公司是同一行业中的竞争对手，它们在特定的市场环境与经营环境中亲身体验商业竞争。各个公司在竞争中如何脱颖而出，战胜竞争对手是每位成员面临的巨大挑战。每个管理团队必须根据市场需求预测和竞争对手的动向，决定本公司的产品、市场、销售、融资、生产等方面的长、中、短期策略。

通过模拟企业6年左右的经营，使学生在分析市场、制定战略、营销策划、组织生产、财务管理等一系列活动中，亲身体验一个企业运作的完整流程；亲自操作企业资金流、物流、信息流并协同工作，理解企业实际运作中各个部门的协同工作；参悟科学的管理规律，全面提升管理能力。在瞬息万变的环境中为自己的企业制定规划，付诸实施，并在生存中求得发展，使学生们身临其境，真正感受到了市场竞争的激烈和残酷，在游戏般的竞赛中体现了完整的企业经营过程，感悟出管理的真谛。

1.2.2　ERP沙盘模拟经营的理论知识准备

在ERP沙盘模拟经营中，需要用到如下理论知识。

1. 战略管理

成功的企业都有明确的企业战略，包括产品战略、市场战略、竞争战略及财务管理战略。战略管理是企业确定使命，并在宏观层次上充分考虑企业内外的人、财、物和信息等资源，根据企业内外环境设定企业的战略目标，并围绕此目标设计阶段性目标和各阶段目标的执行与实现策略，同时依靠企业内外部力量将目标和策略付诸实施，以及确定战略目标实现的动态管理控制的过程。

沙盘模拟中的战略管理，要求学生学会用战略的眼光看待企业的业务和经营，保证业务同战略的一致，在经营的过程中更多地获取战略性成功而非机会性成功。

2. 营销管理

市场营销是在创造、沟通、传播和交换产品中，为客户带来价值的一系列活动。营销管理是在市场预测和调研的基础上，识别客户的需求或尚未满足的需求，并通过产品研发、定价、促销等手段，促进产品销售，达到提高企业竞争力目的的管理活动。

在 ERP 沙盘模拟经营中，通过模拟几年的市场竞争后，学生将学会如何分析市场、定位目标市场、制定营销战略，并有效实施销售计划，实现企业的战略目标。

3. 生产运作管理

生产运作管理是指对企业提供产品或服务的系统进行设计、运作、评价和改进的管理活动。

ERP 沙盘模拟经营中的生产运作管理，包括采购管理、生产管理和质量管理，要求学生充分利用所学知识，使生产运作同战略管理、营销管理、财务管理的目标协同一致。

4. 财务管理

财务管理是组织企业财务活动，处理财务关系的经济管理工作，涉及企业筹资、投资、经营活动、利润分配等环节。

在 ERP 沙盘模拟经营过程中，学生将通过掌握资产负债表、利润表学会预测现金需求，合理选择筹资方式，并深刻理解现金流对企业的重要性。

5. 信息与情报管理

企业处于竞争的环境中，如果想发展自己并战胜对手，必须学会对信息和情报的收集与分析。

值得说明的是，每一项独立的决策可能都是容易做出的，然而当它们综合在一起时，将产生许多不同的方案。因此，在 ERP 沙盘模拟经营的操作中，每一家起点完全相同的虚拟公司在经过几年的运营之后，其结果可能是迥然不同的——有的公司发展壮大了，企业规模、市场占有率很高，同时实现了很高的盈利；有的公司可能只是惨淡维持，甚至不能坚持到最后就已经破产出局。

1.2.3 ERP 沙盘模拟经营课程的特色

1. 以学生为主，改变了传统的教学方式，增强了学习的主动性

ERP 沙盘模拟经营是实战模拟，让学生在模拟训练中深刻理解学习的知识——在模拟训练中，能直观地看见各部门间的运作和相互依赖的关系，深刻体验企业竞争策略对各部门和整体经营结果的影响。无论模拟经营的结果是获利还是破产，其亲身经历和实战心得，都将极大提升学生自身的战略规划和决策能力。ERP 沙盘模拟经营课程将理论知识和实战模拟完整、有机地结合在一起，不仅让学生学会如何创造企业的竞争优势，如何发展竞争策略，如何制订制胜的经营计划，更能使学生在课程中经历数年的公司运作后，看见长期和短期决策的后果，深刻体验如何在市场竞争中脱颖而出，建立成功的企业。

本课程在教学过程中，学生是主体，学生通过学习并运用管理技能，亲自掌控模拟企业的经营决策。教师根据需要，可以进行必要的引导、适时的启发，或者对陷入经营困境的企业提出建议，并对核心问题进行解析。

2. 增强学习兴趣，强化学习动机

管理课程一般都以"案例+理论"为主，比较枯燥，学生很难迅速掌握这些理论并应用到实际工作中。但通过模拟沙盘进行培训会增强娱乐性，使枯燥的课程变得生动有趣。通过游戏性的模拟可以激发参与者的竞争热情，让他们有学习的动机——获胜。

通过分组讨论、集中研讨、角色扮演、情景演练、案例分析、教师点评等多种教学手段，将企业经营决策的理论和方法同实际模拟操作紧密结合，使学生在游戏般的操作中得到完整的决策体验，增强了学生的学习意识，充分调动了学生学习的积极性，强化了学生学习的动机，并加深了学生对企业经营管理理论和方法的理解与深度记忆，确保了学习效果。

3. 体验实战，在参与中学习，在实战中提升

沙盘模拟培训方式是让学生通过"做"来"学"，参与者以切实的方式体会深奥的商业思想——学生看到并触摸到商业运作方式。体验式学习使参与者学会收集信息并在将来能应用于实践。

学生分成相互竞争的模拟企业进行角色扮演，在亲身实战中学习企业经营管理的相关知识，并在此基础上增强管理能力和技能，从而可以提升学生企业经营管理的实践能力。

4. 完善知识体系，学会团队合作

原有的教学模式是以学科、专业为基础的单一化教学模式，而沙盘模拟是对企业经营管理的全面展现，使学生能够在战略管理、营销管理、生产运营管理、财务管理等方面得到全面的学习和体验，建立起资源整合的理念，并强化细节管理。

沙盘模拟是互动的，当参与者对游戏过程中产生的不同观点进行分析时，需要不停地进行对话。除了学习商业规则和财务术语外，参与者还增强了自己的沟通技能，并学会了如何以团队的方式工作。

1.3 ERP沙盘模拟经营课程的意义

ERP沙盘模拟经营课程作为一种角色扮演、情景演练、体验式的全新教学模式，同传统教学相比是一种创新。它模拟了一个虚拟生产企业的运作流程，让所有参与学习的学生，在模拟企业里担任一定的管理角色，发现问题并深入剖析，从而强化学生的管理知识，训练管理技能，全面提高学生的综合素质和综合能力，使学生在参与、体验中完成从知识到技能的转化。

1. 完善管理学科实践教学体系，实现由感性到理性的飞跃

目前，管理学各专业学生的培养，存在着一些共性问题，即随着社会经济的发展和竞争意识的强化，市场对管理类从业人员的知识结构、实践能力和综合素质提出了更高的要求，要求学生具备较强的理论联系实际能力、工作适应能力和动手实践能力。而传统的教

学环节因为企业不愿意接收学生实习等客观因素,越来越难以达到实践教学的效果。

因此,建立一个体系完备、模拟仿真的实验教学体系越来越重要。沙盘模拟实验作为企业经营管理仿真实验,引入到原有的实验教学体系后,有效地解决了上述矛盾,完善了管理学科的实践教学体系。管理学科实践教学体系如图1-1所示。

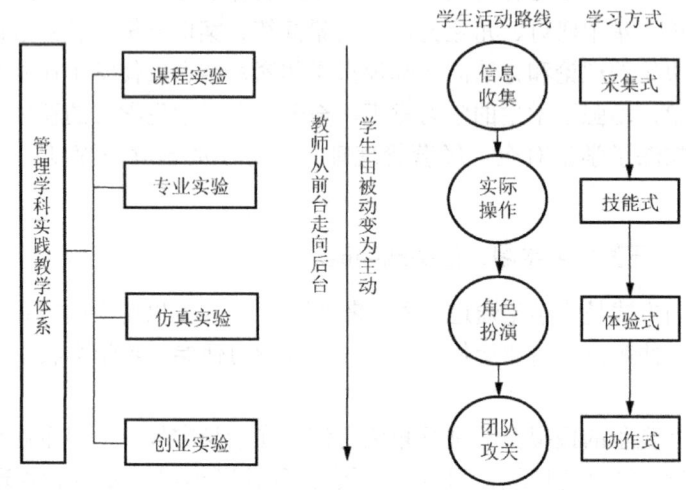

图1-1 管理学科实践教学体系

在沙盘模拟经营实践过程中,学生经历了一个从理论到实践再到理论的上升过程,把自己亲身经历的宝贵经验转化为全面的理论模型,每一次基于现场的案例分析及基于数据分析的企业诊断,都会使学生达到磨炼其商业决策敏感度,提升决策能力和长期规划能力的目的。

2. 拓展知识体系,提升管理技能

传统教育划分有多个专业方向,专业壁垒禁锢了学习者的发展空间和思维方式,而沙盘模拟经营是对企业经营管理全方位的展现,通过学习可以在以下方面受益。

① 提高决策能力,从整体上理解公司的经营机制及各种决策对公司经营产生的后果,培养经营者的全局视野。

② 掌握制定决策的各种方法和技巧,提高经营决策能力。

③ 理解市场导向基础上的战略管理,理解公司战略如何有效地落实与执行。

④ 理解外部信息的重要作用,提高利用信息进行预测和决策的能力。

⑤ 认识各种决策和经营策略的市场效果,演练企业在不同发展联合体中的各种经营手法。

⑥ 培养统观全局和系统思考的能力,建立公司高管团队的共识力,加强沟通技能。

⑦ 培养控制企业风险的能力。

⑧ 加强企业竞争情报的收集意识,强化市场竞争观念。

⑨ 学会使用各种分析工具,能够判断企业经营状态。

⑩ 建立精细化管理模式。

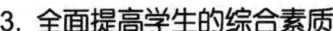

3. 全面提高学生的综合素质

（1）树立共赢理念

市场竞争是激烈的，也是不可避免的，但竞争并不意味着你死我活，寻求同合作伙伴之间的双赢、共赢才是企业发展的长久之道。这就要求在市场分析、竞争对手分析上做足文章，只有在竞争中寻求合作，企业才会有无限的发展机遇。

（2）全局观念与团队合作

只有每一个角色都以企业总体最优为出发点，各司其职，相互协作，企业才能赢得竞争，实现目标。

（3）个性与职业定位

在沙盘模拟经营过程中，有的公司积极进取，敢冒风险，有的公司稳扎稳打，还有的则不知所措——每个个体的特征都会显现出来。虽然个性特点同胜任角色有一定的关联度，但在现实中，更多的是需要大家"干一行，爱一行"。

（4）感悟人生

在市场的残酷竞争和企业经营的风险面前，是"轻言放弃"还是"坚持到底"，不仅是一个企业可能面临的问题，更是需要在人生中不断抉择的问题。经营自己的人生同经营一个企业具有一定的相通性。

4. 感受管理的乐趣

爱因斯坦说"兴趣是最好的老师"。本课程实现了让学生快乐、主动地学习——通过制定游戏规则进行模拟对抗和竞争演练，使学生亲身体验管理的惊心动魄和无穷魅力，从而激发学生的竞争热情和学习兴趣，感受管理的真谛。

5. 看得见，摸得着，想得到，做得到

剥开经营理念的复杂外表，直探经营本质——企业结构和管理的操作全部展示在模拟沙盘上，将复杂、抽象的经营管理理论以最直观的方式让学生体验和学习，完整生动的视觉享受将极为有效地激发学生的学习兴趣，增强学习效果。把平日工作中尚存疑问的决策带到课程中印证，在几天的课程中模拟几年的企业全面经营管理——学生有充足的自由来尝试企业经营的重大决策，并且能够直接地看到结果，而在现实工作中他们可能在相当长的时间里都不会有这样的体验机会。

课程结束后，可以使学生对所学的内容理解更透，记忆更深。

1.4 课程教学组织

1.4.1 构建团队

模拟企业经营的首要环节是构建虚拟企业。前面已经介绍，首先是学生分组，每组一

般为 4~6 人，各组就组成了相互竞争的模拟企业。组成模拟企业后，就要确定企业的组织架构、岗位设置及岗位职责。一般模拟企业应设置 CEO（总经理）、营销总监（或市场总监）、财务总监、生产总监、采购总监等主要角色，当人数较多时，还可以适当增加商业间谍、财务助理、信息执行官等辅助角色。在经营过程中，还可以进行角色互换，让学生学会换位思考，发现每个人的闪光点，以找到最适合的岗位。

1.4.2 设置虚拟企业

ERP 沙盘模拟经营的虚拟企业可以从创建企业开始，也可以是接手一个已经运营了 3 年的企业。前者是每一个组（虚拟企业）面临相同的启动资金和相同的外部环境下，让怀揣创业梦想的人在真正创业前积累成功的经验和提升失败后重新再来战胜困难的勇气。通过对真实创业环境的仿真模拟，帮助学生掌握在实际创业过程中可能遇到的各种情况和经营决策，并对出现的问题和运营结果进行分析与评估，从而对创业有更真实的体验和更深刻的理解，提升创业意识，掌握创业技能，增强择业、就业的能力。而后者以虚拟企业起始年的两张主要财务报表（资产负债表和利润表）为初始状态，设定企业目前的财务状况和经营成果，为正式运营做准备。

1.4.3 学习运营规则

企业在一个开放的市场环境中生存，企业之间的竞争需要遵循运营规则。而运营规则是企业从事经营活动必须遵守的行为准则，所有参与者必须学习规则、遵守规则。

综合考虑市场竞争及企业运营所涉及的内容，把规则简化为以下 8 个方面的约定。
① 市场开发与市场准入。
② 竞单规则。
③ 厂房购买、出售和租赁。
④ 生产线购买、转产和维修、出售。
⑤ 产品研发、ISO 认证和产品生产。
⑥ 原材料采购。
⑦ 融资贷款与资金贴现。
⑧ 企业破产倒闭。

1.4.4 模拟企业运营

ERP 沙盘模拟经营课程的核心内容是模拟企业之间进行 4~6 年的模拟经营。经营伊始，各模拟企业通过商业新闻查看市场预测资料，对每个市场每个产品的总体需求量、单价、发展趋势做出有效预测。每一个企业组织在市场预测的基础上讨论企业战略和业务策略，在 CEO 的领导下按一定程序开展经营活动，经营结果体现在每个企业的会计报表中。

1.4.5 现场点评与考核

每一年经营结束，首先指导教师要对每个企业的经营结果进行深入剖析，分析各组成败得失的原因。这将有助于企业的管理者们发现问题、分析问题、总结经验教训并及时调整企业战略。等全部模拟经营结束后，针对经营结果，各模拟公司进行全面总结发言，撰写岗位职责履行的总结报告。

小结：要打有准备之仗！

技能训练

实训项目

了解沙盘及 ERP 沙盘模拟经营课程的教学组织。

实训目标和要求

分析 ERP 沙盘模拟经营课程和传统课程教学的区别，总结本课程的特点。

完成效果

掌握沙盘的基本知识和沙盘教学组织。

任务 2 模拟企业构建

知识目标

1. 熟悉 ERP 沙盘模拟企业的经营现状。
2. 创建企业组织机构。
3. 掌握企业管理团队岗位职责。

技能目标

1. 能熟练掌握即将接手企业的经营现状。
2. 能明确各自的岗位职责。
3. 能设计公司 Logo 和为公司命名。

 **任务描述**

　　就要接手一个新的企业，而企业要有同其经营规模相适应的组织机构。组织机构是保证企业正常运转的基本条件，组织机构是由同学们成立的管理团队组成的。因此，要进行岗位分工，明确各自的职责权限。同时要了解企业的财务状况和经营成果。

任务 2 模拟企业构建

学习流程

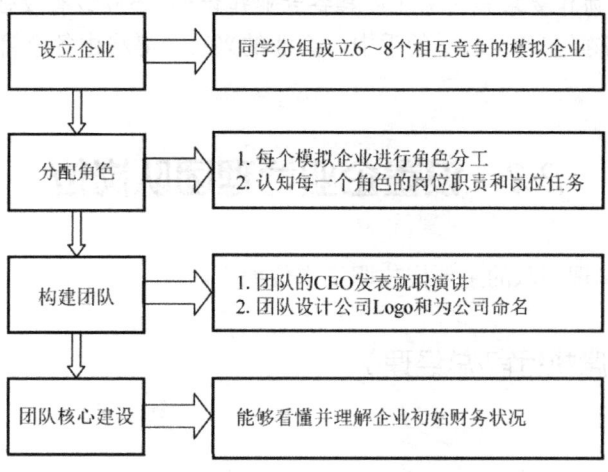

2.1 创建企业组织机构

任何一个企业在创建之初都要建立同其企业类型相适应的组织机构（见图 2-1），组织机构是保证企业正常运转的基本条件。不论是企业经营物理沙盘还是电子沙盘，都采用了简化的企业组织机构，其机构由相应的管理团队组成。一般把参与训练的学生分成若干个管理团队，每个成员担任虚拟公司的一个重要职位，在各自的工作岗位上各司其职、各尽其责。CEO 负责整体战略的制定，协调小组成员之间的不同意见；财务总监负责资金的运作，特别需要关注公司现金流及控制成本，每次现金的变动都需要登记入账，同时承担财务报表的编制工作；营销总监负责市场和销售工作，主要工作包括"抢单"和销售尽量多的产品；生产总监负责生产运作，同时控制库存和在制品的数量；采购总监主要是编制原材料的采购供应计划，确保在合适的时间点，采购合适的品种和数量的原材料，为企业生产做好后勤保障；还可设立研发总监负责 ISO 认证和产品研发方面的投入时机，同时协助生产总监制订生产计划。

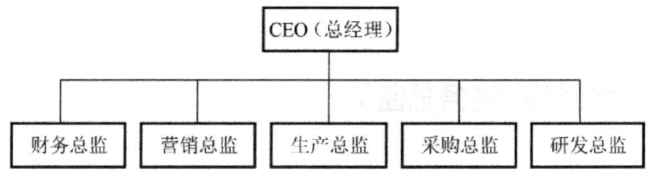

图 2-1 模拟企业组织机构

ERP 沙盘模拟经营

提示 在ERP沙盘模拟经营中，每个小组代表一个企业，在运营过程中，团队合作是必不可少的。团队在企业经营中扮演着极其重要的角色，在企业发展过程中发挥着越来越重要的作用。团队协作要求各人除了应具备专业知识外，还应该有较强的团队合作能力。

企业的命运就掌握在各位成员的手中，企业的兴衰荣辱将由各个管理团队来把握。

2.2 设置企业管理团队岗位

在模拟企业中管理团队的主要岗位职责定位如下。

2.2.1 CEO（首席执行官/总经理）

1. 岗位职责

① 负责组建团队，落实每人职责与分工。
② 制定公司发展战略及年度经营计划。
③ 主持公司的日常经营管理工作，实现公司经营管理目标和发展目标。
④ 对公司业绩总体负责。

2. 工作目标

确保企业的正常运作，引导企业不断走向成功。

经验之谈

在ERP沙盘模拟经营课程中，省略了股东会和董事会，企业所有的重要决策均由CEO带领团队成员共同决定。如果大家意见相左，由CEO拍板决定。制定出有利于公司发展的战略是CEO的最大职责，CEO还要负责控制公司按流程运营。同时，CEO还要关注每个人是否能胜任工作岗位，尤其是重要岗位，如财务总监、营销总监等。如果不能胜任，要及时调整，以免影响整个企业的发展。

总之，总经理是一个公司的舵手，对公司的发展方向和团队的协调起重要作用——在公司经营一帆风顺的时候能带领团队冷静思考，而在公司遇到挫折的时候能鼓舞大家继续前进。

2.2.2 CFO（首席财务官/财务总监）

1. 岗位职责

① 负责资金运作，关注企业现金流。
② 编写现金预算，制订资金筹措计划。

③ 解读财务报表，分析财务指标。
④ 做好成本分析，加强成本和费用的控制。
⑤ 通过财务数据发现管理问题，提出改进建议。

2. 工作目标

充分掌握企业财务状况，特别关注企业现金流，为决策提供支持，控制成本。

经验之谈

如果说资金是企业的血液，那么财务部门就是企业的心脏。由此可见，CFO（财务总监）责任重大，肩负公司资金的筹集、管理、成本控制职能。在每组人员充裕时，可设财务总监助理协助其工作。牢记：资金闲置是浪费，资金断流会破产。

2.2.3 CMO（市场总监/营销总监）

1. 岗位职责

① 负责公司的市场和营销工作。
② 负责市场背景和竞争形势分析。
③ 负责市场定位和产品定位分析。
④ 制订各阶段广告宣传计划。
⑤ 制订各阶段市场开发计划。

2. 工作目标

洞悉市场变化，争取更多订单，开拓市场，扩大销售，争取有利于公司的市场环境。

提示 市场营销的一个核心要素就是将公司现有的各种资源及想达到的目标同市场需求有机地结合起来，把消费者需求和市场机会变成有利可图的公司机会。这也是战胜竞争者、谋求发展的重要手段。营销总监还可兼任商业间谍以监控竞争对手。例如，竞争对手正在开拓哪些市场；他们在各个市场上销售业绩和市场占有率如何；他们安装了哪些生产线，生产哪些产品，生产能力如何。只有充分了解市场，把握竞争对手的动向，做到知己知彼，才能在竞争中取胜。

2.2.4 CPO（生产总监）

1. 岗位职责

① 负责公司所有产品的生产制造工作。
② 根据销售计划落实产品生产计划。
③ 制订厂房与设备的采购计划。

④ 安排各阶段生产任务。
⑤ 组织新产品研发工作。
⑥ 控制生产成本。

2. 工作目标

低成本、高效率地按时完成生产任务。

提示 生产部门是企业的核心部门，生产总监是公司生产部门的核心人物，负责对公司的一切生产活动进行组织和管理，并对一切生产活动及产品质量负最终责任。生产总监不仅肩负着生产计划的制订，还监控着生产过程的顺利进行，对公司战略目标和经营目标的实现负有重大责任。在ERP沙盘模拟经营中生产总监要及时同营销总监、采购总监沟通和协调，防止原材料缺货和产品积压。

2.2.5 CTO（采购总监）

1. 岗位职责

① 负责准确预测原材料需求量。
② 编制并执行原材料采购计划和采购预算。
③ 与供应商谈判和签订采购合同。
④ 监控采购过程。

2. 工作目标

保质保量地按时完成采购计划，成功控制成本。

提示 采购是企业生产的首要环节。采购总监确保在合适的时间点采购生产所需的原材料，使公司生产顺利进行。既要防止过多采购占用流动资金，又要防止过少采购发生原材料库存短少造成生产"停工待料"或紧急采购的情况。因此，采购总监应依据生产进度制订合理采购计划，实现原材料的零库存状态。

在ERP沙盘模拟经营时，可根据实际情况灵活设置各岗位人员。例如，在学生人数较多的情况下，还可以设立人力资源总监、商业间谍及总经理助理、财务助理、营销助理、生产助理等角色。在运营过程中，可以根据自身情况进行角色互换，发挥每个人的长处，使之成为一个优秀的团队。

2.3 公司命名与CEO就职演讲

2.3.1 公司命名、Logo、口号及公司经营目标

为模拟企业的成员确定了各自的角色及岗位职责后，首先要由CEO带领本公司所有员

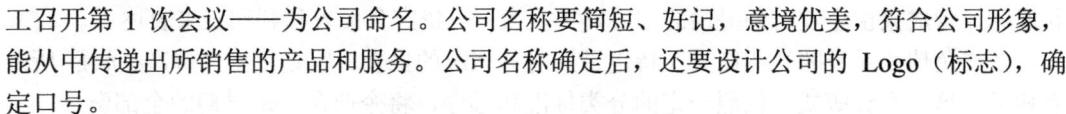

工召开第 1 次会议——为公司命名。公司名称要简短、好记，意境优美，符合公司形象，能从中传递出所销售的产品和服务。公司名称确定后，还要设计公司的 Logo（标志），确定口号。

公司经营目标包括市场占有率目标、销售业绩目标和业绩排名目标。

2.3.2 CEO 就职演讲

公司会议结束后，CEO 代表自己的公司进行就职演讲，就公司使命及目标等进行阐述。

2.4 认知模拟企业

经营者接手企业时，首先需要了解即将经营的企业的状况，包括股东期望、企业目前的财务状况、市场占有率、产品、生产设施、盈利能力等。

2.4.1 公司发展现状及股东期望

我们即将接手的公司是一家经营状况良好的生产制造企业，创建已有 3 年，主力产品是 Beryl。该产品的技术含量较低，几年来一直只在本地市场进行销售，有一定的知名度，客户也很满意。但由于公司的生产设备陈旧，产品、市场单一，原管理层管理风格比较保守，长期以来墨守成规，导致企业缺乏必要的活力，停滞不前。

最近一家权威机构对该行业的发展前景进行了预测，在未来几年，虽然目前公司的主力产品 Beryl 近几年需求较旺，但未来销量将持续下降；Crystal 产品是 Beryl 的技术改进版，虽然技术优势会为其带来一定的增长，但随着新技术的出现，需求最终会下降；Ruby、Sapphire 为全新技术产品，发展潜力很大。

由于现有公司管理层风格过于保守，导致企业缺乏活力，停滞不前。因此，公司董事会及全体股东决定将企业交给一批优秀的新人去发展，他们希望新的管理层进行以下工作。

① 把握时机，抓住机遇，投资开发新产品，使公司的市场地位得到进一步提升。
② 开发本地市场以外的其他新市场，进一步拓展市场领域。
③ 扩大生产规模，采用现代化生产手段，获取更多的利润。
④ 研究在信息时代如何借助先进的管理工具提高企业管理水平。
⑤ 增强企业凝聚力，形成鲜明的企业文化。
⑥ 加强团队建设，提高组织效率。

2.4.2 企业财务状况和经营成果描述

企业财务状况是指企业的资产、负债和所有者权益构成情况及其相互关系。企业财务状况和经营成果由企业对外提供的主要财务报表——资产负债表和利润表来表述。

资产负债表是反映企业在某一特定日期财务状况的报表。它是根据"资产=负债+所有者权益"这一会计等式，依照一定的分类标准和顺序，将企业在一定日期的全部资产、负债和所有者权益项目进行适当分类、汇总、排列后编制而成的。通过资产负债表可以了解企业资产的分布状况、负债与权益的结构情况；可以了解企业是否有效地利用了现有的经济资源，是否使资产得到保值增值；可以了解企业的偿债能力和支付能力及现有财务状况。

利润表也称损益表，是反映企业在一定期间（如月份、季度、半年度、年度）的经营成果的会计报表。它根据"收入-费用=利润"这一关系式，把一定期间的各项收入与同一会计期间的各项费用相抵，计算出企业一定期间的利润。利润表可以反映企业生产经营的收益情况、成本耗费情况，还可反映企业一定期间的生产经营的经营成果（净利润或净亏损）。通过利润表不同时期的数据比较，可以进一步分析企业利润的发展趋势和获利能力。

模拟企业起始年的财务报表——资产负债表和利润表如表 2-1 和表 2-2 所示。

表 2-1　资产负债表　　　　　　　　　　　　　　　M

资　产	期　末　数	负债及所有者权益	期　末　数
流动资产：		负债：	
现金	24	短期负债	20
应收账款	14	应付账款	0
原材料	2	应交税金	3
产成品	6	长期负债	0
在制品	6		
流动资产合计	52	负债合计	23
固定资产：		所有者权益：	
土地建筑原价	40	股东资本	70
机器设备净值	12	以前年度利润	4
在建工程	0	当年净利润	7
固定资产合计	52	所有者权益合计	81
资产总计	104	负债及所有者权益总计	104

表 2-2　利润表　　　　　　　　　　　　　　　M

项　目	本　年　数
一、销售收入	40
减：成本	17
二、毛利	23
减：综合费用	8
折旧	4
财务净损益	1
三、营业利润	10
加：营业外净收入	0
四、利润总额	10
减：所得税	3
五、净利润	7

2.4.3 企业初始状态设定

ERP沙盘模拟经营不是从创建企业开始，而是接手一个已经经营3年的企业，企业的基本情况描述我们已经从起始年的两张报表获得。下面将资产负债表中的数字——展现在沙盘上，以设定企业的初始状态。这将有助于理解财务数据同企业业务的直接相关性，理解"通过财务数据看企业经营"。

新的管理层接手的企业的财务情况如下。

1. 固定资产 52M

固定资产是指使用期长、单位价值高，并且在使用过程中保持原有实物状态的资产。它包括土地及厂房、建筑物、机器设备和运输设备等。

（1）大厂房 40M

在物理沙盘盘面上，模拟企业拥有大厂房（A厂房），价值40M。

（2）设备价值 12M

模拟企业在A厂房安装了3条手工生产线和1条半自动生产线。扣除折旧，目前3条手工生产线账面价值分别为2M、3M、3M，半自动生产线账面价值4M。

（3）在建工程 0M

目前，模拟企业没有在建工程，即没有新的生产线的投入或改造。

固定资产合计为52M。

2. 流动资产 52M

流动资产是指企业可以在1年或超过1年的一个营业周期内变现或运用的资产。流动资产包括现金、应收账款、存货等，其中存货又细分为在制品、产成品和原材料。

（1）现金 24M

模拟企业的物理沙盘盘面显示现金为24M。

（2）应收账款 14M

应收账款是公司因销售商品、提供劳务等业务应向购买方、接受劳务的单位或个人收取的款项。形成应收账款的直接原因是赊销，是以信用为基础的销售。企业通常为了稳定自己的销售渠道，扩大商品销路，开拓并占领市场，降低商品的仓储费用、管理费用，增加收入而采取赊销策略，即允许客户在一定期限内交清货款而不是货到立即付款。应收账款是分账期（季度）的，一般为1账期（1Q）至4账期（4Q）。

初始状态的物理沙盘上有应收账款14M，分别为2账期和3账期，各7M。

（3）在制品 6M

在制品是指处于加工过程中，尚未完工入库的产品，即还在生产线上的产品。大厂房（A）内有3条手工生产线和1条半自动生产线，分别生产Beryl产品。手工生产线生产一个产品需要3个生产周期，靠近原材料库的为第一周期，2条手工生产线上的2个Beryl在制品分别位于第一和第三周期，另一条手工生产线闲置。半自动生产线生产一个产品需要 2 个周期，Beryl 在制品位于第一周期。生产线上的在制品共 3 个，而每个 Beryl 产品的直接成本由 1 个 M1 原材料和 1M 的人工费构成。M1 原材料的成本为 1M，所以一个 Beryl 产品的价值为 2M。在制品共 6M。

(4) 产成品 6M

物理沙盘上，Beryl 成品库中有 3 个产成品，每个产成品同样由 1 个 M1 原材料（价值 1M）和人工费 1M 构成。产成品价值为 2M，共计 6M。

(5) 原材料 2M

物理沙盘盘面显示，原材料库中有 2 个 M1 原材料，每个价值 1M，共计 2M。除以上需要明确表示的价值之外，已向供应商发出采购订货，预订 M1 原材料。

流动资产合计为 52M。

3. 负债 23M

负债是指企业过去的交易或事项形成的，预期会导致经济利益流出企业的现时义务。它分为长期负债、短期负债和各项应付款。长期负债是指偿还期在 1 年或超过 1 年的一个营业周期以上的负债；短期负债也叫流动负债，是指将在 1 年（含 1 年）或超过 1 年的一个营业周期内偿还的债务，包括短期借款、应付票据、应付账款、预收账款、应付工资、应付福利费、应付股利、应交税金和一年内到期的长期借款等。

(1) 长期负债 0M

物理沙盘上目前没有长期负债，所以没有显示长期负债。

(2) 短期负债 20M

物理沙盘上显示短期负债为 20M，分别在第 3 账期和第 4 账期，各 10M。

(3) 应付账款 0M

物理沙盘上没有显示应付账款的数据，表示企业没有应付账款。

(4) 应交税金 3M

企业上一年的税前利润为 7M，按税法规定须缴纳 3M 税金。税金在下一年年初缴纳，此时没有对应操作。

负债合计为 23M。

4. 所有者权益 81M

所有者权益也称产权，是指企业的投资者（或称股东）对企业净资产的所有权。所有者权益在数量上等于企业全部资产减去全部负债后的余额。所有者权益表明企业的所有权关系，即企业归谁所有。它由股东资本、资本公积、盈余公积和未分配利润 4 部分构成。

① 股东资本。股东资本是指所有者投入的构成企业注册资本或股本部分的金额。目前，企业股本为 70M。

② 以前年度利润（企业利润留存）为 4M。

③ 当年净利润为 7M。

所有者权益合计为 81M。

至此，企业初始状态设定完毕。

任务 2 模拟企业构建

> **知识链接**
>
> **认识物理沙盘的资源**
>
> 1. 资金
>
> 模拟企业所用到的现金,用灰币表示,每个灰币代表 1M(100万元)现金。红色的币"红币"代表应付账款、长期贷款、短期贷款和高利贷等。
>
> 2. 原材料
>
> 在 ERP 沙盘模拟经营中,蓝币代表各种原材料。蓝币上分别标有 M1、M2、M3、M4 原材料,每个蓝币的价值为 1M。
>
> 3. 原材料订单
>
> 黄币代表原材料订单。黄币上分别标有 M1、M2、M3、M4 字样。
>
> 4. 产成品和在制品
>
> 产成品和在制品由原材料及加工费构成。ERP 沙盘模拟经营中,共有 4 种产品,每种产品的 BOM 结构和不同生产线的加工费用不同,因而其成本构成也不同。
>
> 5. 空桶
>
> 在 ERP 沙盘模拟经营中,为方便操作和管理,而将有关的如现金、原材料、应收账款、应付账款、各种贷款和原材料订单等放到空桶中。
>
> 在 ERP 沙盘模拟经营中,除了上述资源外,还有生产线标识牌、产品标识牌、ISO 认证资格证等。

2.5 企业经营环境分析

一家权威的市场调研机构对未来 6 年各个市场需求情况进行了预测,比较准确地预测了 1~3 年的销售情况,如表 2-3 所示。但由于市场存在很大的不确定性,4~7 年的预测只能作为一个参考,可能蕴含很大的变化。其产品需求量预测和产品价格预测如图 2-2 所示。

表 2-3 销量预测

分 类	销 量 预 测	单 价 预 测
本地市场	Beryl 是一个成熟的产品,未来 3 年内在本地市场上需求较大。但随着时间的推移,需求可能迅速下降 Crystal 在本地市场的需求呈上升趋势 Ruby 和 Sapphire 的需求量不明确 不管哪种产品,未来可能会要求企业具有 ISO 认证资格	Beryl 的单价逐年下滑,利润空间越来越小 Ruby 和 Sapphire 随着产品的完善,价格会逐步提高

(续表)

分类	销量预测	单价预测
区域市场	区域市场的需求量相对本地市场来讲，容量不大，而且对客户的资质要求相对较严格，供应商可能只有具备 ISO 资格认证——ISO9000 和 ISO14000，才允许接单	由于对供应商的资格要求较严，竞争的激烈性相对较低，价格普遍比本地市场高
国内市场	Beryl、Crystal 的需求逐年上升，第 4 年达到顶峰，之后开始下滑。Ruby、Sapphire 需求预计呈上升趋势同时，供应商也可能要求得到 ISO9000 认证	同销售量相类似，Beryl、Crystal 的价格逐年上升，第 4 年达到顶峰，之后开始下滑。Ruby、Sapphire 单价逐年稳步上升
亚洲市场	亚洲市场上的所有产品几乎都供不应求，Ruby 的需求量稳步提升该市场对客户的资质要求相对较严格，供应商可能只有具备 ISO 资格认证的高技术产品，在市场上才具有竞争力	Beryl 在亚洲市场的价格相对于本地市场来说，没有竞争力，比本地市场价格低。同销售量相类似，Ruby 的价格逐年上升
国际市场	国际市场上 Beryl 的需求量非常大，Crystal 的需求次之，其他产品需求不甚明朗	受各种因素影响，价格变动风险大

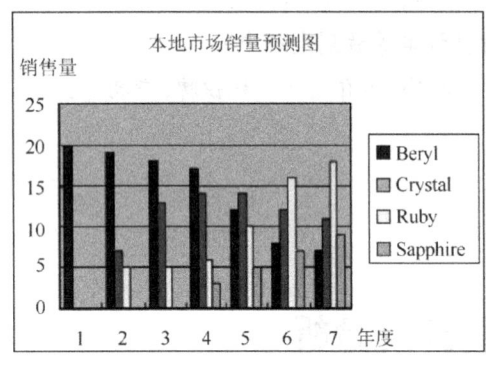
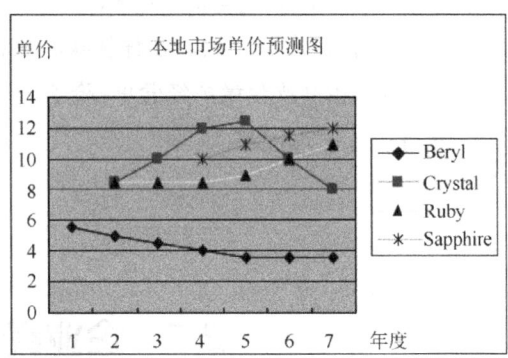
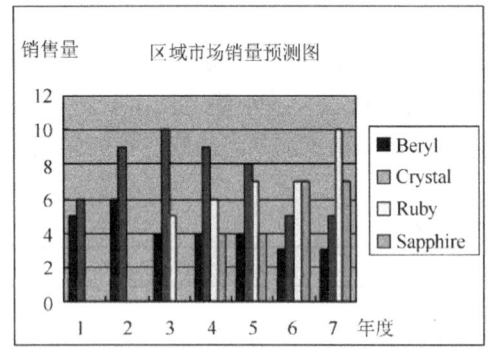
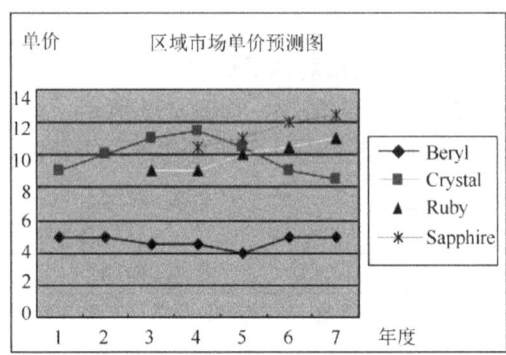

图 2-2　产品需求量预测和产品价格预测

任务 2　模拟企业构建

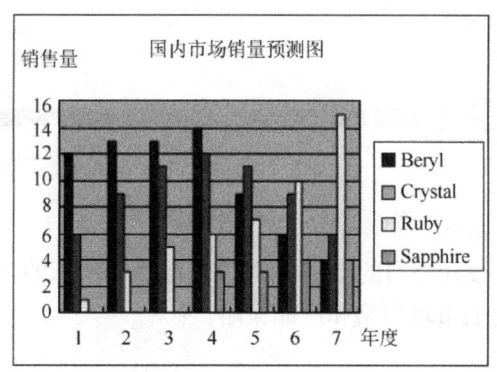
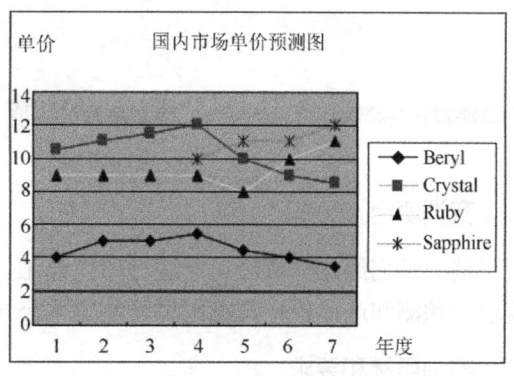
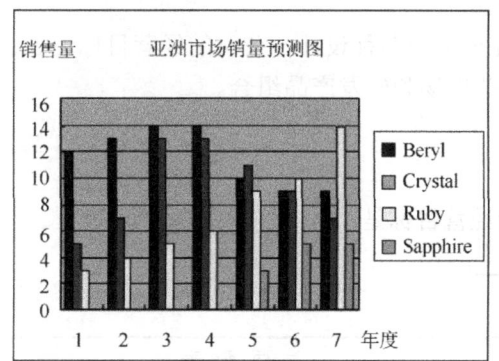
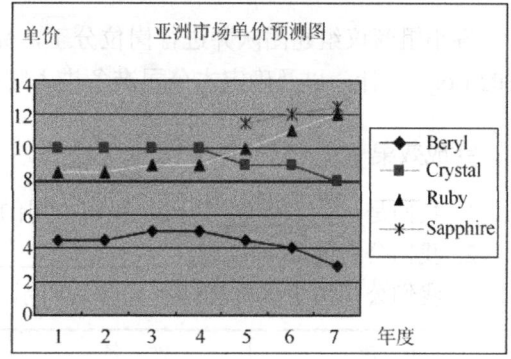
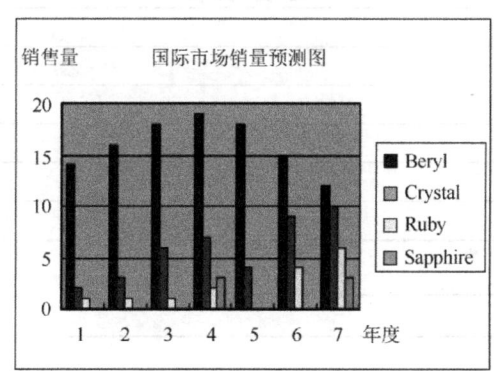
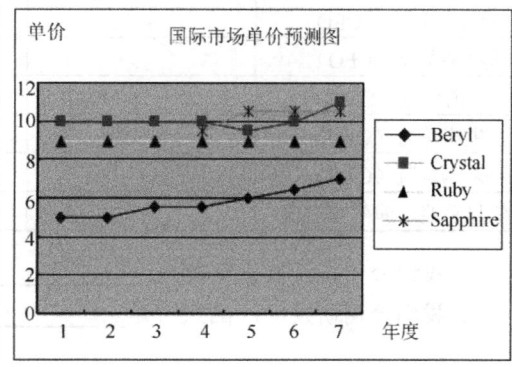

图 2-2　产品需求量预测和产品价格预测（续）

提示　同学们，团队已经成立，即将接手的企业已经了解，企业所处的经营环境已心中有数，是不是各位都摩拳擦掌想一试身手了？别急，首先要考虑的是企业的经营战略，即：我们的目标是什么样的公司；我们要开拓哪些市场；研发哪些产品；购买何种生产线；在正常生产的情况下如何实现原材料的零库存；我们的融资策略是什么。每个管理团队都应对这些问题进行深入细致的探讨，做出正确的决策。

小结：只有读懂市场预测图，才能心中有数，做出正确决策。

ERP 沙盘模拟经营

技能训练

实训项目

请同学们组建模拟公司并进行岗位分工，设计公司的 Logo，并根据图 2-2 所示的产品需求量预测和产品价格预测图讨论制定本公司的市场策略和产品策略。

实训目标和要求

各小组商议组建团队并进行岗位分工，完成公司名称设计、公司的经营目标设定、公司的 Logo 设计，以及确定本公司准备进入哪些市场和研发产品组合。

完成效果

1. 我们是_____公司，我们公司的经营目标是_____。
2. 我们公司的 LOGO 是_____。
3. 我们公司的组织机构情况如下表所示。

角 色	姓 名	主 要 职 责
首席执行官（CEO）		
财务总监（CFO）		
营销总监（CMO）		
生产总监（CPO）		
采购总监（CTO）		
信息总监，即商业间谍		

4. 我们公司拟开发的市场是_____。
5. 我们公司研发的产品组合是_____。

任务 3

模拟企业的运营规则

知识目标

1. 学会企业运营中的市场营销规则。
2. 学会厂房和生产线投资规则。
3. 学会产品研发、ISO认证和产品生产规则。
4. 学会原材料采购及筹资规则。
5. 学会教具的操作和演示。

技能目标

1. 能够理解教具的含义并正确使用。
2. 能按照运营规则模拟企业运营过程。

任务描述

新的管理团队接手企业后，不仅要遵守国家的法律法规，还要遵守行业内的约定。在开始企业模拟竞争之前，管理层必须熟悉掌握运营和竞争规则，合法经营，在竞争中求生存、求发展。

ERP 沙盘模拟经营

📖 **学习流程**

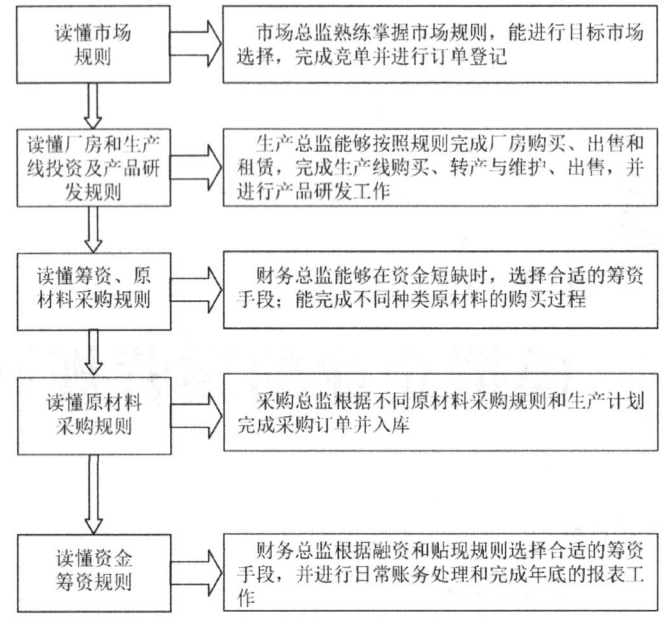

企业生存和发展要受到多方面因素的影响，受到企业自身条件和外部客观环境的制约。企业在经营过程中，不仅要遵守国家的法律法规，还要遵守行业内的各种规章制度。而模拟企业在模拟经营过程中也是如此，必须理解、熟悉并遵守这些运营规则。只有掌握这些准则，才能在决策中做到胸有成竹、运筹帷幄，取得佳绩。

3.1 市 场 规 则

企业的生存和发展离不开市场这个大环境，谁赢得了市场，谁就赢得了竞争。在同对手的竞争中，公司的市场营销部门必须准确把握市场。

3.1.1 市场开发

市场是企业进行产品销售的场所，标志着企业的销售潜力。目前，企业除拥有本地市场外，还有区域市场、国内市场、亚洲市场、国际市场有待开发。开发不同的市场所要消耗的时间和资金投入不同，在市场开发完成之前，企业没有进入该市场销售产品的权力。

开发不同市场所需的时间和资金投入如表3-1所示。

任务 3 模拟企业的运营规则

表 3-1 市场准入规则

市场	开发费用	开发时间	年投资额	规 则 说 明
本地	无	无	无	直接取得市场准入证
区域	1M	1 年	1M	各市场开发可同时进行
国内	2M	2 年	1M	资金短缺时可随时中断和终止投入
亚洲	3M	3 年	1M	开发费用按开发时间平均支付,不允许加速投资
国际	4M	4 年	1M	市场开拓完成后,取得相应市场准入证

3.1.2 市场准入

当某个市场开发完成后,该企业就取得了在该市场的经营资格(取得相应的市场准入证),此后就可以在该市场上进行广告宣传,争取客户订单了。

规则说明:对于所有进入的市场来说,如果因为资金或其他方面的原因,企业某年不准备在该市场进行广告投放,那么也必须投入 1M 的资金维持当地办事处的正常运转,否则就被视为放弃了该市场;再次进入该市场需要重新开发;如果终止对市场的开发投入,则已投入费用不予退还。

3.1.3 竞单规则

企业生产的依据是销售预测和客户订单。销售预测各企业可从商业新闻中捕捉,商业新闻对所有企业而言是公开而透明的,其中所涵盖的信息靠各企业的营销人员去分析和发现。客户订单的获得事关企业的生存和发展,需要做出科学分析和判断以拿到理想的订单。

1. 销售会议

订货会年初召开,一年只召开一次。每年年初是企业的营销人员最紧张、最忙碌的时候,各企业会派出优秀的营销人员参加客户订货会,投入大量的资金和人力进行营销策划、广告宣传、客户访问、完善销售网络等,以使本企业的产品能够深入人心,得到市场的认可,争取尽可能多的订单。

规则说明:如果某小组在某年年初的订货会上仅拿到一张订单,那么在当年的生产过程中就再也没有机会获得其他订单了。

2. 广告投放与订单发放

广告是分市场、分产品投放的,投入 1M 有一次选单的机会,以后每多投 2M,就增加一次选单机会。广告费用组合为 $(1+2n)$M。例如,投入 7M 表示准备拿 4 张订单,但是能否有 4 次拿单的机会则取决于市场需求、竞争态势等;投入 2M 准备拿 1 张订单,只是比投入 1M 的优先拿到订单而已。

在竞单表中是按市场、按产品登记广告费用的。竞单表如表 3-2 所示。

表 3-2 竞单表

年 度	市场类别	Beryl	Crystal	Ruby	Sapphire	ISO9000	ISO14000
第 年	本地						
	区域						
	国内						
	亚洲						
	国际						

订单发放时，先发放本地市场的订单，Beryl—Crystal—Ruby—Sapphire 产品次序发放；再发放区域市场的订单，按 Beryl—Crystal—Ruby—Sapphire 产品次序发放；最后发放国内市场的订单，按 Beryl—Crystal—Ruby—Sapphire 产品次序发放。

规则说明：随着经营年限的增加，企业开发的新产品越来越多，开发的新市场也增多。但是企业的资源是有限的，怎样让有限的资源发挥最大的效用，就需要各位决策者对市场做出准确的分析和预测了。

3. 客户订单

市场需求以客户订单卡片的形式表示，如图 3-1～图 3-3 所示。卡片上标注了市场、产品、产品数量、单价、订单价值总额、账期、特殊要求等要素。

```
Sapphire（Y6，亚洲）
3 × 12M=36M
账期：4Q    交货：Q4
```

```
Sapphire（Y6，亚洲）
3 × 12M=36M   加急!!!
账期：0Q    交货：Q1
```

```
Sapphire（Y6，亚洲）
3 × 12M=36M    ISO9000
账期：2Q    交货：Q2
```

图 3-1 普通订单　　　　　图 3-2 加急订单　　　　　图 3-3 ISO 订单

客户订单的种类如下。

（1）普通订单

图 3-1 所示为普通订单，亚洲市场的客户在第 6 年需要 Sapphire 三个。每个单价 12M，订单总价为 36M；货款为 4 个账期（4Q）的应收账款，必须在第四季度（Q4）交货。注意，普通订单应在订单约定的账期内交货。

（2）加急订单（见图 3-2）

卡片上标注有"加急!!!"字样的订单，代表这张订单必须在第一季度（Q1）交货，延期将受到罚款处罚。因此，营销总监接单时必须考虑企业的产能。

（3）ISO9000 或 ISO14000 的订单（见图 3-3）

竞单表中设有 9K（代表 ISO9000）或 14K（代表 ISO14000）字样的订单，代表这批货物的生产企业必须取得 ISO 的认证资格。注意，在获取订单时投入的资金不是认证费用，而是取得认证之后的宣传费用，该投入对整个市场所有产品有效。

如果希望获得标有 ISO9000 或 ISO14000 的订单时，必须在相应的栏目中投入 1M 广告费。如果某订单上标注了 ISO9000 和 ISO14000，那么要求生产单位必须取得了 ISO9000 和 ISO14000 认证，并投放了认证的广告费。两个条件均具备，才能得到这张订单。

任务3 模拟企业的运营规则

订单上的账期代表客户收到产品后的付款时间。如果为 0 账期，则代表现金付款；如果为 2 账期（2Q），则代表客户收货后付给企业的是两个季度（2Q）到期的应收账款。

 提示 营销总监在竞单前应同生产总监一起认真核实本企业的生产能力，做到心中有数，否则可能导致违约的后果。

4. 市场地位

市场地位是针对每个市场而言的。企业的市场地位根据上一年度各企业的销售额排列，销售额最高的企业成为该市场的领导者，俗称市场老大。

5. 订单争取规则

在每年一度的销售会议上，将综合企业的市场地位、广告投入、市场需求及企业间的竞争态势等因素，按规定程序领取订单。客户订单是按照市场划分的，选单次序如下。

1）新开放的市场或进入市场的新产品，第 1 年按照投入广告费用的多少依次排名，确定选单次序。

2）从第 2 年起，由上一年该市场的市场领导者（市场老大）最先选择订单，其他企业按照该市场该种产品投入广告费用的多少依次选单。

3）如果出现几个企业本年该市场该种产品广告投放相同，则比较该市场两者的广告总投入量（包括 ISO）进行排名；如果市场广告总投入量也相同，则根据上一年市场地位（市场排名）决定选单次序；如果上一年两者的市场地位（市场排名）也相同，则采用非公开招标方式，由双方提出具有竞争力的竞单条件，由客户选择。

经验之谈

企业可根据自己的情况放弃选单的机会，但订单一旦选定，就不能退回。不论是不是市场老大，没有广告费的投入就没有选单的资格；不论投入多少广告费，每轮只能选择一张订单，然后等待下一轮选单机会；第 2 轮按顺序再选，选单机会用完的公司就要退出选单。

知识链接

竞单说明

某市场第 3 年广告投入如表 3-3 所示。

表 3-3 Ruby 广告投放单（国内市场）

公司	Ruby	ISO9000	ISO14000	广告总和	上年排名
A	1M			1M	1
B	2M	1M		3M	3
C	5M			5M	4
D	2M	1M	1M	4M	2

国内市场 Ruby 的选单顺序如下。

1）由 A 公司最先选单。虽然 A 公司在 Ruby 产品上只投入了 1M 的广告费，但因其上一年在国内市场上销售排名第一，因此获得优先选择订单的权利。

2）由 C 公司选单。因为其投入的广告费最高，为 5M。

3）由 D 公司选单。虽然 D 公司和 B 公司在 Ruby 产品上投入的广告费相同，但 D 公司在国内市场上投入的总广告费为 4M，比 C 公司投入在国内市场上的总广告费 3M 要高，因此应由 D 公司选单。

4）由 B 公司选单。B 公司虽然与 D 公司在国内市场上投入 Ruby 的广告费相同，但 B 公司投入在国内市场上的总广告费比 D 公司少，所以后于 D 公司选单。

5）由 C 公司再选单。由于 C 公司在 Ruby 产品上投入广告费为 $(1+2n)$M，因此获得再次的选单机会。如果还有订单，C 公司也可以再次选单。

某市场第 3 年广告投入如表 3-4 所示。

表 3-4　Beryl 广告投放单（亚洲市场）

公司	Beryl	ISO9000	ISO14000	广告总和	上年排名
A	4M			4M	2
B	1M	1M	1M	4M	3
C	1M	1M		3M	4
D		1M	1M	4M	1

亚洲市场 Beryl 的选单顺序如下。

1）由 A 公司选单。在亚洲市场上，市场老大 D 公司没有在 Beryl 产品上投放广告费，而 A 公司在 Beryl 产品上投入的广告费最高，为 4M，所以获得优先选择订单的权利。

2）由 B 公司选单。虽然 C 公司与 B 公司在 Beryl 产品上投入的广告费相同，都是 1M，但 B 公司在亚洲市场上投入的总广告费为 4M，比 C 公司投入在亚洲市场上的总广告费 3M 要高，因此应由 B 公司选择订单。

3）由 C 公司选单。C 公司虽然与 B 公司在 Beryl 产品上投入的广告费相同，但 C 公司投入在国内市场上的总广告费比 B 公司少，所以后于 B 公司选单。

4）由 A 公司再选单。由于 A 公司在 Beryl 产品上投入广告费为 $(1+2n)$M，因此获得多一次的选单机会。

6．交货规则

必须按照订单规定的数量、交货期整单交货，不能分批交。

任务 3　模拟企业的运营规则

提示　如果由于产能不足或其他原因，导致本年不能交货，企业应受到如下处罚。
① 因不守信用，市场地位下降一级。
② 延迟交货的订单，每过一个季度，按订单金额 1/5 罚款。
③ 如果上年的市场老大没有按期交货，则市场地位下降，丧失已经取得的该市场该种产品的市场老大地位。

经验之谈

如果 B 公司在第 3 年时是本地市场的老大，但在本地市场上有一张总额为 10M 的订单由于产能不足，没能按时交货，那么在参加第 4 年本地市场的订货会时就丧失了市场老大的地位，不能再优先选择订单了，并且在交货时每延期一季度，按订单金额的 1/5 罚款，在最后交货时从货款中扣除。财务总监做账务处理时，在利润表"销售收入"中直接记录实际拿到的货款数额。

3.2　生 产 规 则

公司生产部门的任务是按照市场要求的质量标准，尽可能高效率、低成本地生产适销对路的产品。生产部门要同市场营销部门配合，从短期和长期两个方面提供足够的产品，以满足营销部门对市场需求的预测。

3.2.1　厂房购买、租赁与出售

1. 规则

公司生产产品需要有生产线，生产线必须安装在厂房内。厂房共有 3 种类型，不同类型的厂房可容纳的生产线数量不一样，每类厂房均可购买或租用。其规则如表 3-5 所示。

表 3-5　厂房购买、租赁与出售

厂　房	购　价	租　金	售价（账期）	生产线容量	是否计提折旧
新华	40M	6M/年	40M（4Q）	4 条生产线	否
中上	30M	4M/年	30M（4Q）	3 条生产线	否
法华	15M	2M/年	15M（4Q）	1 条生产线	否

2. 规则说明

（1）购买厂房

购买厂房只能在每年年末规定的时间进行，购买时只需要将等值现金放到厂房价值位置（见图 3-4）即可。如果厂房中有生产线，购买厂房后不再支付当年的厂房租金，即：

到交纳厂房租金的操作时，在购买厂房和交纳租金中，选择其中一种操作。

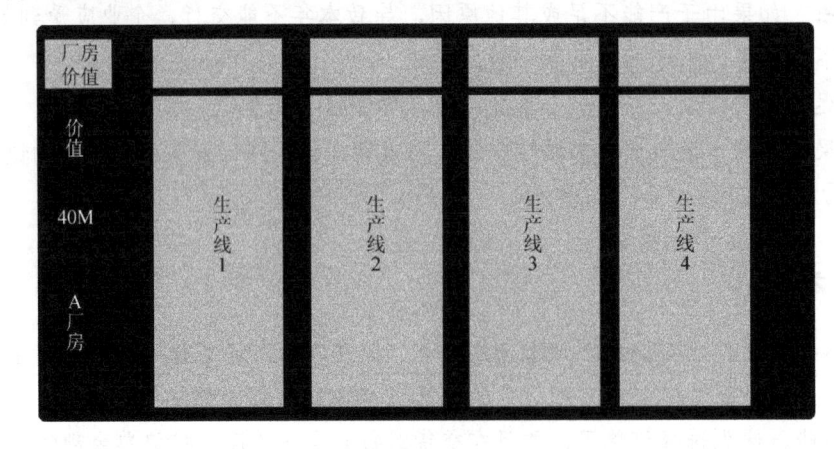

图 3-4 A 厂房

(2) 租赁厂房

厂房可以购买也可以租赁，不同类型的厂房每年交纳的租金不同。厂房租金按年度计算并支付，不足一年按一年计算，于每年年末一次性支付。如果当年使用过厂房（其中有过生产线），但到最后一个季度将生产线出售了，即厂房中已经没有生产线了，那么这种情况不需要交纳租金。已购买的厂房不需要交纳租金。

(3) 出售厂房

企业可以在每个季度规定的时间出售自有厂房，厂房只能按买价出售给银行。出售厂房的款项放在应收账款的 4Q 处。

提示 已安装在厂房内的生产线不能移动。厂房出售后，只要及时租回就不会影响产品的生产。

3.2.2 生产线购买、转产与维护、出售

生产线有手工生产线（简称手工线）、半自动生产线（简称半自动线），还有全自动生产线（简称全自动线）和柔性生产线（简称柔性线）4 种类型（见图 3-5）。不同类型生产线的主要区别在于生产效率和灵活性：生产效率是指单位时间生产产品的数量；灵活性是指转产生产其他产品时设备调整的难易度。手工线由于技术含量低，因而生产效率低，即产品的生产周期长（3Q），但其灵活性好；半自动线是一种较先进的生产线（相较于手工生产线），生产效率相对手工生产线要高，即产品的生产周期较短（2Q），但其灵活性次之，因为它需要 1 个季度（1Q）的时间才能转产生产其他产品；全自动线是一种高效率的生产线，其产品的生产周期很短（1Q），但其缺点是灵活性较差，需要 2 个季度（2Q）的时间才能转产生产其他产品，且转产费用高至 6M；柔性线是一种最先进的生产线，生产效率高且灵活性好，在资金充裕时可以考虑购买此类生产线。

任务 3　模拟企业的运营规则

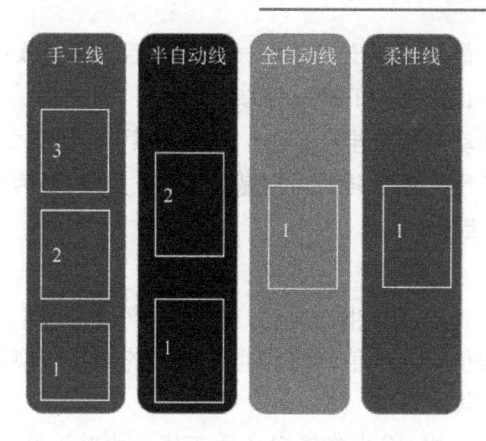

图 3-5　生产线类型及生产周期

1. 生产线购买、转产与维修、出售的规则（见表 3-6）

表 3-6　生产线购买、转产与维修、出售规则

生产线类型	购买价格	安装周期	生产周期	转产周期	转产费用	维修费	残值
手工线	5M	1Q	3Q	无	无	1M/年	1M
半自动线	10M	2Q	2Q	1Q	2M	1M/年	2M
全自动线	15M	3Q	1Q	2Q	6M	2M/年	3M
柔性线	25M	4Q	1Q	无	无	2M/年	5M

2. 规则说明

（1）购买生产线

① 生产线只能购买。

② 投资购买新生产线时，按安装周期平均支付投资（不允许加速投资）；如果公司资金紧张，可暂时停止投资，将来有资金时再继续进行投资安装；如果延迟投资，生产线完工时间（在建工程的时间）也将延长。

③ 只有当投资全部完成后，才算安装完成，即投资到位后要到下一个季度才能领取产品标识，开始生产，并将在建工程款放到生产线下方的"设备价值"处。

④ 当年建成的生产线不计提折旧。

示例　某公司第2年的1Q投资开始投建柔性线，根据规则安装周期是4Q，即4个安装周期，连续安装到第4Q，在第2年的4Q投资完成。在第3年的1Q方可领产品标识，开始生产，所以，这条生产线的建成时间是第3年的1Q，而不是第2年的4Q。因此，这条生产线在第2年的4Q还正在建设中；第3年是这条生产线建成的第1年，不计提折旧，但是需要交维护费（规则规定当年建成的生产线不计提折旧），再下一年就需要交维护费和计提折旧了。

⑤ 生产线不允许在企业间买卖，只能从市场购买，且不能租赁。

（2）生产线转产

生产线转产是指将现有生产线转产生产其他产品。生产线转产时需要一定的转产周期并支付一定的转产费用，最后一笔支付到期一个季度后方可更换产品标识。转产生产其他产品时，生产线上不能有正在生产的产品在线。

示例 某公司的全自动线原来生产 Crystal，在第3年的第二季度决定转产生产 Ruby 产品，因而需要改装生产线。由于转产周期是 2Q，在支付 6M 的转产费后，在本年的第四季度就可以生产 Ruby 产品了。

（3）生产线变卖

生产线只能按残值出售。出售生产线时，如果生产线净值小于或等于残值，将净值转换为现金；如果生产线净值大于残值，将相当于残值的部分转换为现金，将差额部分作为费用处理（综合费用——其他）。

示例 某公司在第1年的4Q出售第3条手工线，此时该手工线的净值为3M，大于手工线的残值1M，所以1M转化为现金，而2M转化为费用。

（4）生产线维护

如果企业要维持生产设备（生产线）的正常生产能力，必须对拥有的生产设备进行日常维护和养护，且每年要对生产线维护一次，以保证其正常运转。

当年在建的（处在安装期）生产线和当年出售的生产线不用交维护费；生产线安装完成的当年，不论是否开工生产，都必须交纳维护费；正在进行转产的生产线也必须交纳维护费。每种生产线的维护费不同，手工线和半自动线为每年1M，全自动线和柔性线为每年2M。

（5）生产线折旧

当年投资的生产线价值计入在建工程，当年不计提折旧；对已有的生产线，每条按年初余额的1/4（取整）计提折旧。每条生产线单独计提折旧，分4年折旧完。各种生产线每年折旧额的计算如表3-7所示。

表3-7 生产线每年折旧额计算

生产线	购买价格	折旧额 第1年	第2年	第3年	第4年
手工线	5M	1M	1M	1M	1M
半自动线	10M	2M	2M	2M	2M
全自动线	15M	3M	3M	3M	3M
柔性线	25M	5M	5M	5M	5M

3.3 研发规则

3.3.1 产品研发

公司产品保持市场份额的主要方法之一，是同竞争对手在产品设计和开发上保持同步，或者超前于对手。在模拟商业环境中，每家公司可以研发新产品，但不同技术含量的产品，其研发周期不同，所需投入的研发费用也不相同。只有在完成研发投入及相应的研发周期后，公司才可以获得相关产品的生产许可资格。目前，企业的主力产品只有 Beryl, Crystal、Ruby、Sapphire 还有待开发，它们的研发时间如图 3-6 所示。

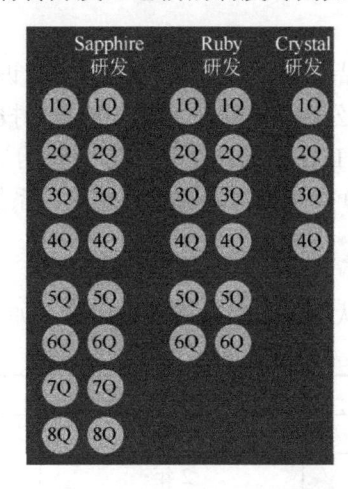

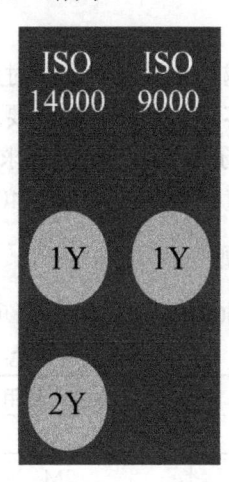

图 3-6 产品研发与 ISO 认证示意

1. 产品研发规则（见表 3-8）

表 3-8 产品研发规则

产 品 名 称	研 发 周 期	每 期 费 用	总 费 用
Crystal	4Q	1M	4M
Ruby	6Q	2M	12M
Sapphire	8Q	2M	16M

2. 规则说明

① 新产品研发投资可以同时进行，按研发周期平均支付研发投资。例如，在公司财力允许并同公司战略目标一致的情况下，可以同时研发新产品，即在研发 Crystal 的同时研发 Ruby 和 Sapphire，但需要在研发周期内分别投入研发费用。例如，Crystal 每季度投入 1M，Ruby 每季度投入 2M，Sapphire 每季度投入 2M。

② 不能加速投资，资金不足时可随时中断或终止。例如，研发 Ruby 需要 6Q，研发费用 12M，则不允许在 1Q 内一次投入 12M 以快速获得 Ruby 的生产资格，只能按研发周期每期投入 2M，在 6Q 内全部研发费用投资到位，才能获得 Ruby 的生产资格；在公司资金出现短缺时可以中断研发投入，即在当年不投入，等来年资金状况出现好转再继续研发；还可以在研发一段时间后，发现市场预测失误而终止研发，但是已投入资金不能收回。

③ 全部投资完成的下一周期方可开始生产，但是可提前接单。例如，某企业从第 1 年第一季度（1Q）开始研发 Ruby 产品，而 Ruby 产品的研发周期是 6Q，那么最快也要等到第 2 年的第二季度（2Q）才能研发完成，第三季度（3Q）才能生产 Ruby 产品，但企业在第 2 年的产品订货会上，就可以在 Ruby 产品上投入广告费，接 Ruby 产品的订单了。

④ 产品研发投资的费用计入当年综合费用，产品研发完成后，可领取产品生产资格证。

只有获得生产资格证后才能开工生产该产品。

3.3.2 ISO 认证

随着市场竞争越来越激烈,客户对产品的质量意识及环境保护意识也越来越高。而且随着时间的延长,客户的部分订单会要求公司通过相关认证才能参与投标。这些都对公司生产产品和参与市场提出了更高的要求。ISO 认证体系是国际公认的认证体系,ISO9000 主要是针对产品质量的认证,而 ISO14000 则是针对企业管理质量体系的认证。

1. ISO 认证规则

企业通过 ISO9000 和 ISO14000 两项认证需要的时间和费用投入如表 3-9 所示。

表 3-9 ISO 认证规则

ISO 类型	总投资费用	投资周期	年投资费用
ISO9000	1M	1 年	1M
ISO14000	2M	2 年	1M

2. 规则说明

① ISO9000 认证开发 1 年完成,而 ISO14000 每年最多投入 1M,不允许加速开发。
② 两项认证体系可以同步进行投入,也可以选择其一开发。
③ 如果公司资金紧张,可以暂时停止认证投入或终止,即在当年不投入,等来年资金状况出现好转再继续研发。例如,第 1 年研发 ISO14000 投入 1M,第 2 年资金紧张,则在第 2 年可不投入,等第 3 年资金出现好转再继续研发 ISO14000,投入 1M。这样第 3 年投资完成,投资费用共 2M,获得 ISO14000 的资格。还可以在研发一段时间后,发现市场预测失误而终止研发,但已投入资金不能收回。
④ 只有获得 ISO 认证资格后,才能在市场上投入 ISO 广告费,获取标有 ISO 规定的订单。

3.3.3 产品构成

产品研发完成后即可开始生产,但生产不同的产品所需要的原材料的种类和数量不同。

1. 产品生产规则

(1) 产品的 BOM (见图 3-7)

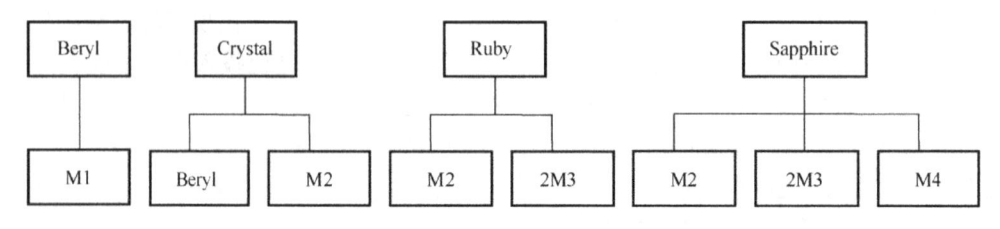

```
Beryl            Crystal                    Ruby                      Sapphire
  |            /        \                 /        \              /      |      \
  M1        Beryl        M2             M2         2M3           M2     2M3      M4
```

图 3-7 产品的 BOM

任务3 模拟企业的运营规则

注意：从产品BOM构成可知，Crystal是Beryl的技术改进版，在生产Crystal时，需要1个Beryl和1个M2原材料，再加上相应的制造费用。

（2）产品加工费用规则（见表3-10）

表3-10 产品加工费用规则

产 品	手工线加工费	半自动线加工费	全自动线加工费	柔性线加工费
Beryl	1M	1M	1M	1M
Crystal	2M	1M	1M	1M
Ruby	3M	2M	1M	1M
Sapphire	4M	3M	2M	1M

2. 规则说明

① 产品研发完成后，可以接单生产。生产不同的产品需要的原材料不同，从图3-7中可以看到不同产品的BOM。

② 开始生产时，按不同产品的BOM将原材料放在生产线上并支付相应的加工费。所有生产线都可以生产所有产品，但生产线不同，支付的加工费不同。例如，手工线生产Ruby产品需要支付3M的加工费，而采用全自动/柔性线生产所有产品的加工费均为1M。

③ 空生产线才能用于上线生产，每条生产线同时只能有一个产品在线。上线生产必须有原材料，否则必须停工待料。例如，手工线生产Ruby（见图3-8），按产品Ruby的BOM和加工费用，手工线生产Ruby需要2个M2（2M2）和1个M3（M3）及生产加工费3M。

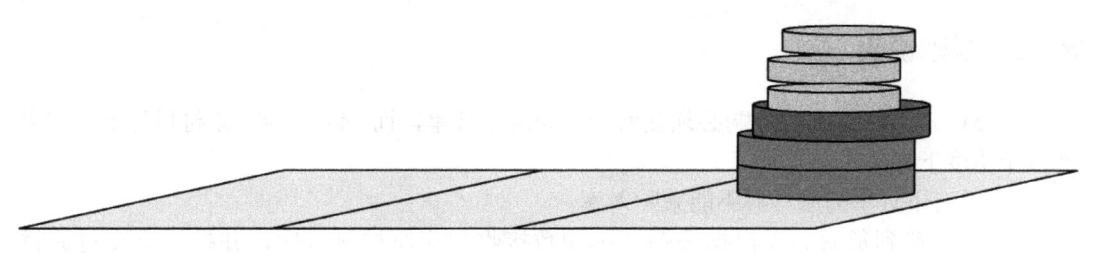

图3-8 手工线生产Ruby示意

3.4 原材料采购

生产产品必须有相应的原材料，否则就会停工待料。采购的任务是适时、适量、适价采购生产所需的各种原材料。采购原材料需经过下原材料订单（见图3-9）和采购入库两个步骤。这两个步骤之间的时间差称为订货提前期。

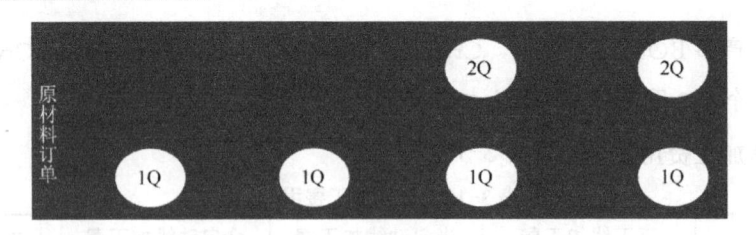

图 3-9　原材料订单示意

3.4.1　原材料采购规则

① 各种材料的订货提前期及采购成本如表 3-11 所示。

表 3-11　原材料采购规则

原材料名称	采购成本	订货提前期	付款周期
M1	1M	1Q	0
M2	1M	1Q	0
M3	1M	2Q	0
M4	1M	2Q	0

② 如果采购多，供应商将给予一定的优惠。具体优惠规则如表 3-12 所示。

表 3-12　原材料采购优惠规则

原材料采购数量	≤4 个	5～8 个	9～12 个	13～16 个	≥17 个
账　期	现金	1Q	2Q	3Q	4Q

3.4.2　规则说明

① M1 和 M2 原材料订购必须提前一个季度下订单，而 M3 和 M4 原材料订购必须提前两个季度下订单。
② 没有下订单的原材料不能采购入库。
③ 原材料到货后必须根据采购订单如数接收相应原材料入库，并按规定支付原材料款，不得拖延。
④ 企业库存的原材料可以变卖给银行，银行按原值的 1/2 收购。
⑤ 组之间可相互转让原材料，转让价格由供需双方自行协商。

3.5　融资规则

融资是一个企业的资金筹集的行为和过程，即公司根据自身的生产经营状况、资金拥有的状况，以及公司未来经营发展的需要，通过科学的预测和决策，采用一定的方式，从一定的渠道向公司的投资者和债权人筹集资金，组织资金的供应，以保证公司正常生产需

任务 3　模拟企业的运营规则

要的理财行为。资金是企业的血液，是企业生存和发展的基础，也是企业生产经营的根本保证。在 ERP 沙盘模拟经营中，融资渠道比较单一，融资方式有长期贷款、短期贷款、高利贷和应收账款贴现等。具体采用哪种融资方式，各公司应在考虑融资成本的基础上做出科学决策。

3.5.1　融资贷款和资金贴现规则

融资贷款和资金贴现规则如表 3-13 所示。

表 3-13　融资贷款和资金贴现规则

贷款类型	规定贷款期时间	贷款额度	年息/%	还款方式
长期贷款	每年年末	上年所有者权益×2-已贷长期贷款	10%	年底付息
短期贷款	每季度初	上年所有者权益×2-已贷短期贷款	5%	到期一次还本付息
高利贷	每季季初	与银行协商	20%	到期一次还本付息
应收账贴现	任何时间	应收账款的账期不同，贴息不同	1Q:1/12；2Q:1/10 3Q:1/8；4Q:1/6	贴现时付息

3.5.2　规则说明

① 无论是长期贷款、短期贷款还是高利贷，均以 20M 为基本贷款单位，贷款总额（长期贷款＋短期贷款）为上年末所有者权益的 2 倍（也可由指导教师确定具体额度）。新申请贷款的额度需要减去已贷款数（包括长短期贷款数）。

② 长期贷款最长期限为 5 年，每年只有一次，在每年年末进行。长期贷款年利率 10%，每年年底必须支付利息，到期还本。

③ 短期贷款，即 1 年内必须偿还的贷款。短期贷款最长期限为 1 年，即 4 个季度，不足 1 年的按 1 年计息。短期贷款年利率 5%，贷款到期后一次还本付息。

④ 高利贷期限为 1 年，不足 1 年的按 1 年计息。高利贷年利率 20%，贷款到期后一次还本付息。

⑤ 贴现是将未到期的应收款提前转为现金，但需要向银行支付贴息。当企业急需现金时，可以将尚未到期的应收账款贴现给银行。贴现可以随时进行，但是应收账款的账期不同贴息不同，具体见表 3-13。例如，某企业急用现金，将 24M 的 4Q 应收款贴现，将获得 20M 的现金，4M 作为贴息。

提示　必须先偿还到期贷款才能办理新贷款，不能借新贷还旧贷。

3.6 综合费用、折旧、税金和利息规则

3.6.1 综合费用

① 行政管理费、广告费、市场开拓费、产品研发费、ISO 认证费、生产线转产费、设备维护费、厂房租金等计入综合费用。
② 行政管理费，每季度支付 1M。
③ 广告费为每年年初支付的广告投入。

3.6.2 折旧

① 折旧提取，每条生产线按年初余额的 1/4（取整）计提折旧。
② 当年已售出的生产线不计提折旧。
③ 当年在建或新建成的生产线不提折旧。
④ 厂房不提折旧。

提示 每年计提折旧时，财务总监从设备净值（或生产线净值）中取出折旧费放到沙盘综合费用折旧处。折旧不影响现金支出。

3.6.3 税金

① 为简化操作，各个模拟企业仅仅缴纳企业所得税。所得税的税率为 25%，税金取整计算。
② 每年所得税计入应付税金，在下一年的年初缴纳。
③ 企业以前年度发生的亏损，按税法规定可用今年及以后年度的净利润弥补，但弥补年限最长不超过 5 年，弥补亏损后仍有盈余的按税法规定缴纳企业所得税。

3.6.4 利息

利息、贴息等费用在利润表中单列为财务费用，不计入综合费用。

现在，想必大家都跃跃欲试。先别急，在了解企业运营规则之后，还需要熟悉企业的内部流程。然后，再放手一搏，一决胜负。

3.7 企业破产倒闭处理

企业经营不善可能导致破产或倒闭。企业出现以下两种状况之一时宣告破产。
① 企业的所有者权益小于或等于0。
② 企业现金断流。

> 小结：读懂游戏规则，在竞争中会游刃有余，运筹帷幄！

技能训练

实训项目

完成企业厂房和生产线的投资及产品研发任务。

实训目标和要求

企业新管理层在接手企业前，要熟悉企业的运营规则。作为企业的生产总监，要根据企业的现有厂房和生产线情况，完成企业厂房和生产线的选择、生产线的安装和确定产品组合策略及产品研发等工作。

完成效果

企业生产总监能够根据企业发展策略完成企业厂房、生产线投资的摆盘，厂房购买，投资全自动线和柔性线的盘面摆放，以及根据企业产品组合策略完成 Crystal、Ruby、Sapphire 产品的研发。生产总监能进一步掌握4种生产线的优缺点，并能够运用，使生产线的安装和产品的研发同时完成。

任务 4 沙盘企业实战经营及战略

知识目标

1. 完成企业的初始盘面布局。
2. 熟悉 ERP 沙盘模拟经营的运营流程。
3. 掌握企业管理团队岗位职责。

技能目标

1. 能熟练掌握模拟企业的年初、季度、年末的工作内容和有关战略战术。
2. 能进行市场预测和市场风险分析、库存控制。
3. 会填制沙盘模拟企业的年度报表。
4. 提高理性决策能力和协同作战能力。

任务描述

新管理层接手企业必须遵守运营规则，严格按照运营流程开展经营活动。诚实守信、合法经营是每一个企业都必须履行的基本法则。在运营过程中，各团队要严格按照任务清单的流程，灵活运用战略战术，知己知彼，在与竞争对手的博弈中脱颖而出。

任务 4　沙盘企业实战经营及战略

📖 **学习流程**

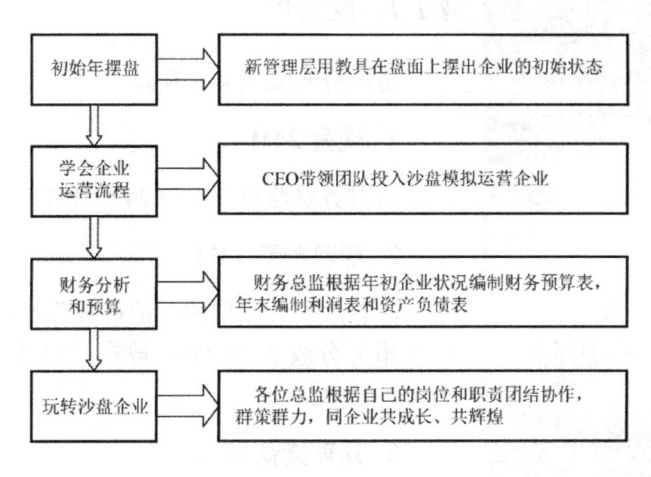

```
初始年摆盘  →  新管理层用教具在盘面上摆出企业的初始状态

学会企业    →  CEO带领团队投入沙盘模拟运营企业
运营流程

财务分析    →  财务总监根据年初企业状况编制财务预算表，
和预算         年末编制利润表和资产负债表

玩转沙盘企业 → 各位总监根据自己的岗位和职责团结协作，
              群策群力，同企业共成长、共辉煌
```

4.1　初始盘面布局

对物理沙盘模拟运营的操作，学生按照各自担任的角色坐到沙盘所对应的区域（见图 4-1），指导教师按资产负债表指导学生摆盘。

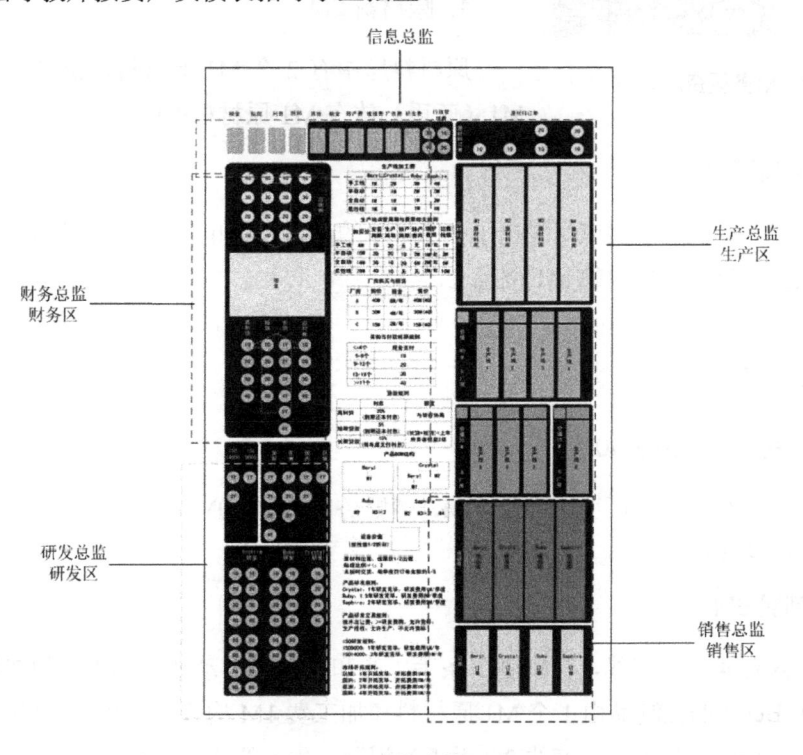

图 4-1　座位安排示意

4.1.1 财务区

资产分布如图 4-2 所示。

1. 现金 24M

请财务总监将 24M（24 个 1M）灰币放在现金处。

2. 应收账款 14M

应收款是分账期的，请财务总监将 14M（14 个 1M 的红币）分成 2 个 7M，放在应收款中的 2Q 和 3Q 位置上。

3. 短期贷款 20M

请财务总监将短期贷款 20M（20 个 1M 的红币）分成两个 10M，放在短贷 3Q 和 4Q 位置上。

4.1.2 采购区

1. 原材料 2M

原材料库中有 2 个 M1 原材料，请采购总监将 2 个 M1（蓝币）放在 M1 原材料库中。

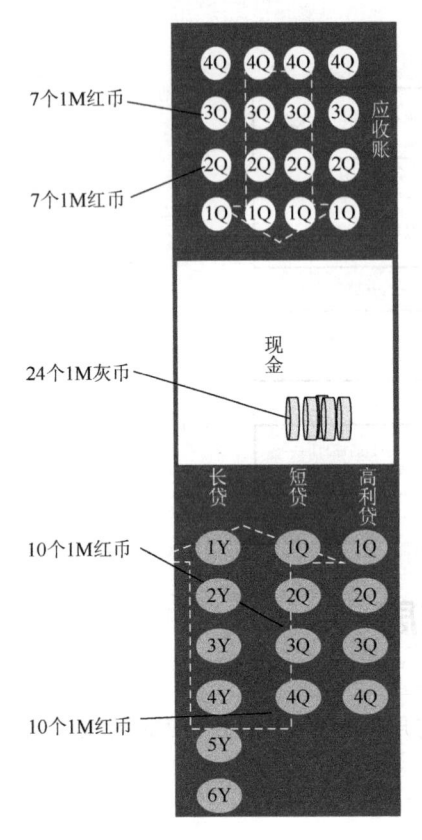

图 4-2 财务区资产分布

2. 原材料订单 2 个

企业为下一期生产向供应商发出了 2 个 M1 的原材料订单，请采购总监将 2 个 M1（黄币）订单放在原材料订单中的 M1 位置上。

4.1.3 生产区

1. 大厂房（A 厂房）40M

企业目前拥有一个大厂房，价值 40M，请财务总监将 40M（40 个灰币）放在大厂房的左上角，如图 4-3 所示。

2. 在制品 6M

大厂房内有 4 条生产线，分别是 3 条手工线和 1 条半自动线。其生产的在制品全部是 Beryl，每个 Beryl 的在制品由 1 个 M1 原材料和加工费 1M 构成。生产线 1（手工）上的在制品处于第 1 个生产期中；生产线 2（手工）闲置；生产线 3（手工）上的在制品处于第 3

个生产期中；生产线 4（半自动）上的在制品处于第 1 个生产期中。请生产总监将 3 个在制品放在相应位置上，如图 4-4 所示。

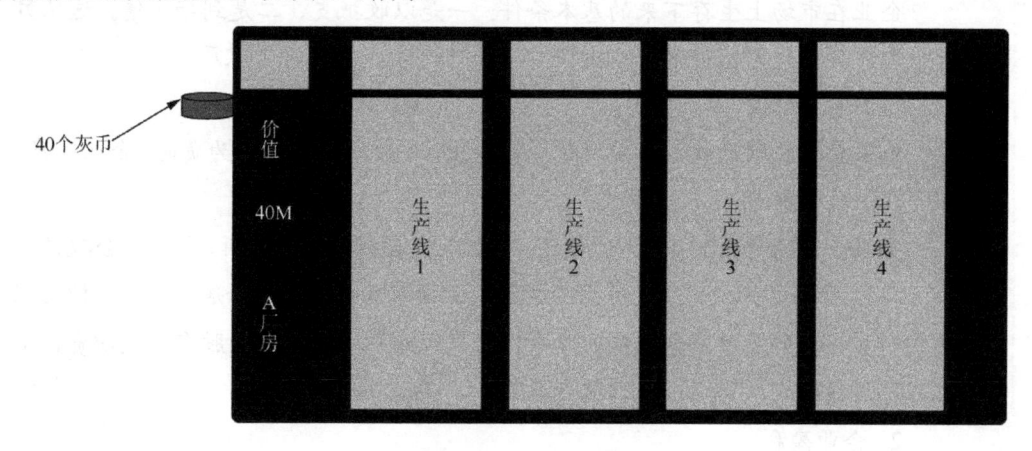

图 4-3 大广房 40M

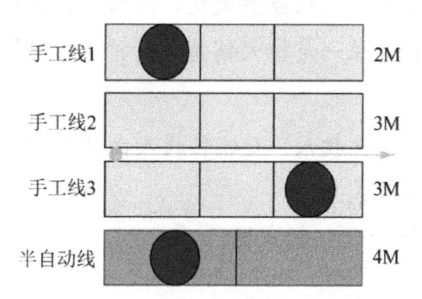

图 4-4 生产线上在制品位置

3. 机器设备净值 12M

企业目前拥有的 3 条手工线和 1 条半自动线扣除折旧后的净值分别是：手工线 1 净值是 2M，手工线 2 净值是 3M，手工线 3 净值是 3M，半自动线净值是 4M。请财务总监将 2M、3M、3M、4M 灰币分别放在相应的生产线的上方。

知识链接

企业经营的本质

企业是指从事商品生产、流通和服务等活动，为满足社会需要和盈利，进行自主经营、自负盈亏，具有法人资格的经济组织。

经营是指企业以市场为对象，以商品生产和商品交换为手段，为了实现企业的目标，使企业的投资、生产、销售等经济活动同企业的外部环境保持动态均衡的一系列有组织的活动。

企业是一个以营利为目的的组织，企业管理的目标可概括为生存、发展、盈利。

1. 企业生存

企业在市场上生存下来的基本条件：一是以收抵支，二是到期还债。这从另一个角度告诉我们，如果企业出现以下两种情况，就将宣告破产。

（1）资不抵债

如果企业获取的收入不足以弥补其支出，导致所有者权益为负时，企业破产。

（2）现金断流

如果企业的负债到期，无力偿还，债权人就会催要甚至起诉，企业就会破产。

在模拟经营中，一旦破产条件成立，请指导教师裁度，一般可以有3种处理方式：其一，如果企业盘面能让股东、债权人看到一线希望，股东可能增资，债权人可能债转股；其二，企业联合或兼并；其三，破产清算。

2. 企业盈利

企业经营的本质是股东权益最大化，即盈利。而从利润表中的利润构成中不难看出，盈利的主要途径一是扩大销售（开源），二是控制成本（节流）。

（1）扩大销售

利润主要来自于销售收入，而销售收入由销售数量和产品单价两个因素决定。提高销售数量有以下方式。

① 扩张现有市场，开拓新市场。

② 研发新产品。

③ 扩建或改造生产设施，提高产能。

④ 合理加大广告投放力度，进行品牌宣传。

提高产品单价受很多因素制约，但企业可以选择单价较高的产品进行生产。

（2）控制成本

产品成本分为直接成本和间接成本。

① 降低直接成本。直接成本主要包括构成产品的原材料费和人工费。在ERP沙盘模拟课程中，原材料费由产品的BOM决定，在不考虑替代材料的情况下降低的空间较小；不同的生产线生产同一产品的加工费不同——手工线生产高端产品成本高，所以尽量避免。

② 降低间接成本。从节约成本的角度，我们不妨把间接成本区分为投资性支出和费用性支出两类。投资性支出包括购买厂房、投资新的生产线等，这些投资是为了扩大企业的生产能力而必须发生的；费用性支出包括营销广告、贷款利息等，通过有效筹划可以节约一部分。

4.1.4 销售区

企业的成品库中有 3 个 Beryl 产品，每个产品均由 1 个 M1 原材料和加工费 1M 构成，每个价值 2M，共计 6M。请营销总监将 3 个 Beryl 产品放在 Beryl 的成品库中。

4.2 企业运营流程及经营决策

模拟企业每年简化后的运行流程的任务清单如表 4-1 所示。任务清单是各个模拟企业进行日常经营时必须执行的工作任务及工作流程，分为年初工作、季度工作、年末工作 3 个阶段。在实际运营时，由各组的 CEO 主持工作，指挥团队成员各司其职，严格按照任务清单的工作内容和顺序发布执行命令。每项任务完成后，CEO 在任务清单中打"√"或打"×"。如果涉及现金收支业务，财务总监应在现金流量表中做好记录。

表 4-1 任务清单

每年年初：（根据提示，完成部分打钩）
(1) 研究商业新闻　　□
(2) 支付应付税（根据上年度结果）　　□
(3) 支付广告费　　□
(4) 登记销售订单　　□

每个季度：	一季度	二季度	三季度	四季度
(1) 申请短期贷款/更新短期贷款/还本付息	□	□	□	□
(2) 更新应付款/归还应付款	□	□	□	□
(3) 更新原材料订单/原材料入库	□	□	□	□
(4) 下原材料订单	□	□	□	□
(5) 更新生产/完工入库	□	□	□	□
(6) 厂房租售处理	□	□	□	□
(7) 投资新生产线/生产线改造/变卖生产线	□	□	□	□
(8) 向其他企业购买原材料/出售原材料	□	□	□	□
(9) 开始下一批生产	□	□	□	□
(10) 更新应收款/应收款收现	□	□	□	□
(11) 产品研发投资	□	□	□	□
(12) 按订单交货	□	□	□	□
(13) 支付行政管理费用	□	□	□	□
(14) 季末现金对账	□	□	□	□

ERP 沙盘模拟经营

每年年末:
（1）申请长期贷款/更新长期贷款/支付利息 □
（2）支付设备维护费 □
（3）支付租金/购买厂房 □
（4）计提折旧 □
（5）新市场开拓投资/ISO 资格认证投资 □
（6）关账 □

4.2.1 年初 4 项工作

常言道一年之计在于春，年初沙盘企业的决策者在 CEO 带领下，根据企业的经营情况制定企业发展战略，做出详细的生产计划、投资决策、营销方案等重要决策，并据此进行产能测算和资金预算。

每个经营年度模拟企业年初的工作主要有 4 项，分别是研究商业新闻、支付应付税、支付广告费、登记销售订单。

> **知识链接**
>
> 年初重要决策示例如表 4-2 所示。每年年初 CEO 带领本企业的决策者一起制订本年度的工作计划，做到有的放矢。
>
> 表 4-2　第 3 年重要决策
>
> | 一季度 | 二季度 | 三季度 | 四季度 | 年　底 |
> |---|---|---|---|---|
> | 争夺国内市场老大地位，开始研发 Sapphire 产品 | 继续研发 Sapphire 产品 | 继续研发 Sapphire 产品 | 继续研发 Sapphire 产品，注意现金流，考虑贴现 | 继续开拓国际市场，归还短期贷款 |

1. 研究商业新闻

商业新闻是关于市场商机的发现，并使之充分利用并达到盈利的目的。在 ERP 沙盘模拟经营中，作为新的管理团队，其首要的任务是分析企业所处内外部经济环境，预测市场各种产品的需求和价格走势，以便正确做出各项决策。

操作说明

1）营销总监认真研究商业新闻，解读商业新闻中所涵盖的信息，还要对竞争对手有正确的评估，做出正确的营销方案。

2）完成以上操作后，CEO 在任务清单对应的格子内打"√"。

2. 支付应付税

企业年初应支付上年应交的税金。企业按照上一年资产负债表中的"应交税金"科目中数额缴纳企业税金。这里所说的税金是指企业所得税，法定税率为25%。每年税前利润首先弥补前5年的亏损，弥补亏损后，税前利润乘以25%之后取整。

操作说明

1）财务总监从现金库中拿出相应的现金放在沙盘中综合费用的税金处，并在现金流量表中做好记录。

2）CEO在监督财务总监正确完成以上操作后，在任务清单对应的格子内打"√"。

3. 支付广告费

企业要参加一年一度的产品订货会以争取销售订单。参加产品订货会，需要在目标市场投放广告费。只有投放了广告费，模拟企业才有资格在该市场争取订单。企业投放广告的目的是销售产品以实现销售利润，因此管理层的首要决策是根据市场预测和竞争对手的情况确定在每个市场拟销售的产品数量及投放的广告费数额。

在参加订货会之前，企业需要分市场、分产品在竞单表上登记投放广告费。在竞单表中是按市场、按产品登记广告费用的（见表4-3）。

表4-3 竞单表

年　度	市场类别	Beryl	Crystal	Ruby	Sapphire	ISO9000	ISO14000
第　年	本地						
	区域						
	国内						
	亚洲						
	国际						

操作说明

1）营销总监分市场、分产品填写竞单表，并向财务总监申请广告费。

2）财务总监从现金库中拿出相应的现金交给营销总监，并在现金流量表中做好记录。

3）CEO在监督营销总监和财务总监正确完成以上操作后，在任务清单的对应格子内打"√"。

提示 争取客户订单前，应以企业的产能、设备投资计划等为依据，避免接单不足、设备闲置或盲目接单，导致无法按时交货而遭受罚款的处罚，并引起企业信誉降低，给企业造成巨大的损失。但应注意广告如何投放，投多少，是不是要做市场老大。一定要考虑内外因素，具体问题具体分析，随机应变。

主生产计划和物料采购计划及预算表的编制

1. 主生产计划和物料采购计划

营销总监参加产品订货会,想准确拿单就必须知道本年度产品的完工数量。采购总监准确采购,做到原材料不缺货、不积压的前提同样离不开生产总监对本年度产量的准确测算。那么,如何测算呢?这里需要用到3个有用的工具,即产能预估表、主生产计划及物料需求计划表、采购计划汇总表。下面以甲公司为例介绍。

假设甲公司第4年年初A厂房有4条生产线正常生产,分别是2条全自动线和2条柔性线。生产线上在制品的在线情况是:生产线1上有在制品Beryl;生产线2上有在制品Crystal;生产线3上有在制品Ruby;生产线4上一年刚刚安装完成,今年第一季度投产Ruby。现在生产总监可以根据生产线的情况计算甲公司的最大产能,如表4-4~表4-7所示。

表4-4 第4年第1条生产线的主生产计划及物料需求计划

产品:Beryl　　　　　　　　　　　　　　　　　　　　　　　　生产线类型:全自动线

项 目	去 年				今 年			
	一季度	二季度	三季度	四季度	一季度	二季度	三季度	四季度
产出计划				1	1	1	1	1
投产计划					1	1	1	1
原材料需求					M1	M1	M1	M1
原材料采购			M1	M1	M1	M1	M1	M1

表4-5 第4年第2条生产线的主生产计划及物料需求计划

产品:Crystal　　　　　　　　　　　　　　　　　　　　　　　生产线类型:全自动线

项 目	去 年				今 年			
	一季度	二季度	三季度	四季度	一季度	二季度	三季度	四季度
产出计划				1	1	1	1	1
投产计划					1	1	1	1
原材料需求					1Beryl+M2	1Beryl+M2	1Beryl+M2	1Beryl+M2
原材料采购			M2	M2	M2	M2	M2	M2

根据表4-4~表4-7上每条生产线投产产品的产出计划,可以汇总本年度每季度完工产品的数量,如表4-8所示。

任务 4　沙盘企业实战经营及战略

表 4-6　第 4 年第 3 条生产线的主生产计划及物料需求计划

产品：Ruby　　　　　　　　　　　　　　　　　　　　　生产线类型：柔性线

项目	去年				今年			
	一季度	二季度	三季度	四季度	一季度	二季度	三季度	四季度
产出计划				1	1	1	1	1
投产计划				1	1	1	1	1
原材料需求				1M2+2M3	1M2+2M3	1M2+2M3	1M2+2M3	1M2+2M3
原材料采购		2M3	1M2+2M3	1M2+2M3	1M2+2M3	1M2+2M3	1M2+2M3	1M2+2M3

表 4-7　第 4 年第 4 条生产线的主生产计划及物料需求计划

产品：Ruby　　　　　　　　　　　　　　　　　　　　　生产线类型：柔性线

项目	去年				今年			
	一季度	二季度	三季度	四季度	一季度	二季度	三季度	四季度
产出计划						1	1	1
投产计划					1	1	1	1
原材料需求					1M2+2M3	1M2+2M3	1M2+2M3	1M2+2M3
原材料采购			2M3	1M2+2M3	1M2+2M3	1M2+2M3	1M2+2M3	1M2+2M3

表 4-8　第 4 年产能预估

生产线类型	产品名称	一季度	二季度	三季度	四季度
生产线 1	Reryl	1	1	1	1
生产线 2	Crystal	1	1	1	1
生产线 3	Ruby	1	1	1	1
生产线 4	Ruby		1	1	1

现在，模拟企业已经根据各生产线的情况编制了主生产计划及物料需求计划，且正确估算出了本年所有生产线的完工产品的数量。根据主生产计划及物料需求计划的信息，采购总监将各条生产线上所需要的原材料数量汇总，就可以得到企业在每个季度所需要的原材料数量，而且还可以知道各种原材料订购时间和采购原材料付款的时间及金额。据此编制原材料采购计划汇总表，如表 4-9 所示。

2. 预算表的编制

根据前面的 3 个表及如下资料，财务总监可编制甲公司第 4 年的现金预算表，如表 4-10 所示。由于不能预测甲公司取得订单的情况，所以无法精确算出三、四季度的现金流。

表 4-9　第 4 年采购计划汇总

原材料	一季度		二季度		三季度		四季度	
M1	1		1		1		1	
M2	3		3		3		3	
M3	4		4		4		4	
原材料采购现金合计/M	8		8		8		8	
原材料采购应付账款合计/M	金额/M	账期	金额/M	账期	金额/M	账期	金额/M	账期
	8	1Q	8	1Q	8	1Q	8	1Q

表 4-10　第 4 年现金预算表

项　目	一季度	二季度	三季度	四季度
期初现金（+）	18	16	21	26
变卖生产线（+）				
变卖原材料/产品（+）				
变卖厂房（+）				
应收款到期（+）	20		20	需贴现
支付上年应交税				
广告费投入	8			
贴现费用				
利息（短期贷款）				
支付到期短期贷款				
原材料采购支付现金	8	8	8	8
设备改造费				
生产线投资				
生产费用	3	4	4	4
产品研发投资	2	2	52	2
支付行政管理费用	1	1	1	1
利息（长期贷款）				
支付到期长期贷款				6
设备维护费				8
租金				
购买新建筑				
市场开拓投资				1
ISO 认证投资				
其他				
现金余额	16	1	26	
需要新贷款		20		

假设甲公司有关现金预算资料如下。
① 年初现金：18M。
② 上年应交税金：0。
③ 支付广告费：8M。
④ 应收款到期：第一季度20M，第三季度20M，第四季度考虑贴现。
⑤ 年末偿还长期贷款利息：6M。
⑥ 年末支付设备维护费：8M。
⑦ 开始研发 Crystal。

4. 登记销售订单

客户订单相当于同企业签订的订货合同。营销总监在选单环节首先计算好自己的产能，细化到每个季节可以生产多少产品，在对自己的产能了如指掌后，再选择合适的订单。

操作说明

（1）营销总监

营销总监选取订单后，在订单登记表（见表4-11）中逐一进行登记。为了将已经销售和尚未销售的订单进行区分，仅登记每张订单所属市场、产品名称、订单数量、账期、交货期，待产品销售时，再登记订单的销售额、成本和毛利。

（2）财务总监

营销总监选取订单后，财务总监也要在订单登记表中逐一进行登记。为了将已经销售和尚未销售的订单进行区分，仅登记每张订单所属市场、产品名称、订单数量、账期、交货期，待产品销售时，再登记订单的销售额、成本和毛利。

（3）CEO

在监督营销总监和财务总监正确完成以上操作后，在任务清单对应的格子内打"√"。

企业选单完毕后，企业当年的销售任务已经明确，接下来的工作任务就是根据销售订单结合对未来的市场预测，编制生产计划、采购计划、设备投资计划，并进行相应的资金预算。

表4-11 订单登记表

项目	1	2	3	4	5	6	合计
市场							
产品名称							
账期							
交货期							
单价							
订单数量							
订单销售额							
成本							
毛利							

4.2.2 模拟企业日常运营（每个季度）的14项工作

模拟企业日常运营工作主要有14项，下面按照其先后顺序逐一进行操作。

1. 申请短期贷款/更新短期贷款/还本付息

操作说明

（1）财务总监

① 申请短期贷款。短期贷款主要用于解决企业流动资金不足的问题。应注意，短期贷款只能在每个季度的开始时申请，由财务总监根据本企业的资金需求计划到银行办理贷款申请。财务总监申请到贷款后，将贷到的现金放在沙盘的现金库中，同时将相应金额的应收账款放在短期借款的第四账期处。上述操作完成后，财务总监在现金流量表中做相应的记录。

② 更新短期贷款。如果企业有短期贷款，财务总监将短期贷款向现金库方向推进一个账期，表示短期贷款的还款期限更近了。当移到现金库时，则表示该笔贷款到期，应还本付息。

③ 还本付息。短期贷款到期必须还本付息，财务总监从现金库中取出应支付的利息放在沙盘中综合费用的利息处，同时从现金库中取出相当于应归还借款本金的现金交付给银行以偿还短期贷款。上述操作完成后，财务总监在现金流量表中做相应的记录。

（2）CEO

在监督财务总监正确完成以上操作后，在任务清单对应的格子内打"√"。

> **知识链接**
>
> 融资策略不仅直接关系到沙盘企业的财务费用，更重要的是直接影响到沙盘企业的资金流。前面对借款规则进行了介绍，即长短期贷款二者利率不同，还款期限不同，各有利弊。那么，什么样的贷款融资策略合理呢？长期贷款利率高，借款时间长，还款压力小，最好用作长期投资，如投资建厂房和生产线及新产品的研发等；短期贷款利率低，但最长4个季度，到期就还本付息，因此应用作短期周转，如采购原材料、支付建工费等。但是在具体沙盘比赛中，需要灵活运用，做好精确的财务预算，合理运用长短期贷款比例，把钱用在刀刃上，使钱能生更多的钱，创造更多的利润。

2. 更新应付款/归还应付款

企业如果采用赊销方式购买原材料，就会涉及应付款项。而应付款项到期，即必须支付货款。

操作说明

（1）财务总监

① 更新应付款。将应付款向现金库方向推进一个账期，当应付款到达现金库时，表示应付账款到期，必须用现金偿付。

② 归还应付款。应付账款到期，财务总监从现金库中取出相应的金额交付给供应商付清货款，并在现金流量表中登记现金的减少数。

（2）CEO

在监督财务总监正确完成以上操作后，在任务清单对应的格子内打"√"。

3. 更新原材料订单/原材料入库

企业进行正常生产必须有原材料。沙盘规则规定，企业只有在前期订购了原材料，即下了原材料订单的情况下，才能购买原材料，否则不能购买。如果企业生产急需原材料，前期又没有下订单，可以从其他企业（其他小组）购买，即组间交易。对于组间交易，由买卖双方协商交易价格，然后一手交钱一手交货完成。

操作说明

（1）采购总监

① 更新原材料订单。采购总监将原材料订单向原材料库方向推进一格，表示企业订购的原材料尚未到期。

② 原材料入库。如果原材料订单已经推进到原材料库，采购总监持现金（现金是向财务总监申请的原材料款）和原材料订单一起交给供应商（指导教师），换取相应的原材料，放到沙盘对应的原材料库中。这就是原材料入库。

（2）财务总监

从现金库中取出购买原材料需要的现金交给采购总监，并在现金流量表中记录现金的减少数。

（3）CEO

监督采购总监和财务总监正确完成上述操作后，在任务清单对应的方格内打"√"。

4. 下原材料订单

企业购买原材料必须提前下原材料订单，采购总监根据年初制订的物料采购计划决定采购原材料品种和数量。下原材料订单不需要支付现金，仅在原材料入库时才支付。

操作说明

（1）采购总监

采购总监根据同供应商签订的原材料订购合同，到供应商（指导教师）处申领不同标识的黄币，放在对应品种的原材料订单处。

（2）CEO

监督采购总监正确完成上述操作后，在任务清单对应的方格内打"√"。

ERP 沙盘模拟经营

知识拓展

规则中已经介绍了4种产品的物料清单及订货提前期是确定不变的，因此采购总监可以根据年初制订的生产计划，准确地计算出所需原材料的种类和数量，以及相应的采购时间。通过精确计算，确定每个原材料是生产哪个产品及何时所需要的，即在保证企业正常生产的前提下，实现原材料的零库存。因为库存占用资金，降低资金周转率，所以沙盘企业要着重减少库存。但是在实际竞争中，也要根据市场选单情况和遇到的紧急情况及时灵活地进行调整。尤其是安装有柔性线的情况下，柔性线无转产周期和转产费用，可以用柔性线调整生产计划。这就需要提前做好充分的原材料预算，提前备足原材料，以便在合适的时间生产和销售价格最合适的产品。注意，原材料不足会造成生产线的停产或花高价购买原材料。

5. 更新生产/完工入库

企业在每个季度要更新生产，当产品完工后，要及时下线入库。注意，生产什么产品，是否转产，既要按年初制订的生产计划进行，也要根据销售订单和销售预测及竞争对手的情况灵活应对。

操作说明

（1）生产总监

① 更新生产。生产总监将所有生产线上的在制品向成品库方向推进一格，表示又加工了一个季度。

② 完工入库。如果产品推到生产线之外，表示产品完工下线，生产总监将该产品移到产成品库中。

（2）CEO

监督生产总监正确完成上述操作后，在任务清单对应的方格内打"√"。

6. 厂房租售处理

厂房可以购买，可以租，也可以出售。是购买还是租厂房，不同的企业有不同的决策，但是在企业自有资金充裕的情况下，购买厂房比租厂房更划算。企业出现资金短缺时可将厂房出售——厂房按原值出售，当期不能收到现金，得到的是4账期的应收账款。

操作说明

（1）生产总监

出售厂房时，把厂房价值拿到指导教师处，将领回的厂房价值（应收账款）交给财务总监。

（2）财务总监

将收到的应收款放到沙盘应收账款中的4账期处。

（3）CEO

监督生产总监和财务总监正确完成上述操作后，在任务清单对应的方格内打"√"。

7. 投资新生产线/生产线改造/变卖生产线

生产线是产品加工的载体，不同生产线的购买价格、生产效率、折旧费用及转产费用不同。生产总监应会同财务总监和CEO依据本公司的发展经营战略及财务状况选择恰当的时机投资合适的生产线。

操作说明

(1) 生产总监

① 投资新生产线。投资新生产线时，生产总监向指导老师领取新生产线和相应产品的标识牌，将生产线翻转放置于厂房中空置的生产线位置（生产线位置一旦确定便不能随便移动），并将产品标识牌放在生产线上方（表示该生产线将生产该种产品）。按照各类生产线所需的建设周期和经费，每个季度向财务总监申请建设资金放在该生产线上（额度=设备总购买价值÷安装周期）。在全部投资完成后的下一个季度，把生产线标识牌翻转过来，将所有的购买资金放在生产线下方，代表该生产线的净值。生产线投资完成后，就可以开始生产该产品了。

② 生产线改造。生产线改造是指某生产线转产生产其他产品。不同生产线类型转产所需的调整时间和资金投入不同。需要转产改造的生产线，生产总监翻转生产线标识牌，按季度向财务总监申请并支付转产费用。停工满足转产周期要求并支付全部的转产费用后，再次翻转生产线标识牌，领取新的产品标识，开始新的生产。

③ 变卖生产线。当生产线上的在制品完工后，可以变卖该生产线——只能按残值变卖。如果该生产线净值小于等于残值，将生产线净值交给财务总监；如果该生产线净值大于残值，将生产线净值中取出的等同于残值的部分交给财务总监置于现金库，将差额部分交给财务总监置于综合费用的其他项。

(2) 财务总监

在投资新生产线时，从现金库中取出现金交给生产总监用于生产线投资，并在现金流量表中做好记录。在改造生产线时，如果转产需要转产费，则将现金交给生产总监，并在现金流量表中做好记录。在变卖生产线时，如果该生产线净值小于等于残值，将生产线净值直接转到现金库中；如果该生产线净值大于残值，从生产线净值中取出等同于残值的部分置于现金库，将差额部分置于综合费用的其他项，并在现金流量表中做好记录。

(3) CEO

监督生产总监和财务总监正确完成上述操作后，在任务清单对应的方格内打"√"。如果不做上述操作，则在任务清单对应的格子内打"×"。

知识拓展

不同类型生产线的购买金额、安装周期、生产周期、维护费用及灵活性不同。手工线生产周期为3Q、半自动线生产周期为2Q，生产周期长，而全自动线和柔性线生产周期为1Q，生产效率高。但二者也有区别，全自动线价格低但灵活性差，有转产周期和转产费用，而柔性线虽然价格高但是灵活性好，可以生产任何产品。生产总监决策时应全盘考虑，采用高效率的生产线。另外，生产线投资一定要和产品研发同时完成，确保新产品可及时上线生产。还要考虑新建成的生产线当年不计提折旧，所以建议考虑生产线在第一季度建成并投入使用。

8. 向其他企业购买原材料/出售原材料

新产品上线时，原材料库中必须备有足够的原材料，否则就得停工待料。如果企业急需原材料又不能从指导教师处购买，则可以从其他企业购买。反之，如果企业有较多的原材料，也可以出售给其他企业，收回现金。如果按原材料的原值购入，购买方视同原材料入库处理，出售方采购总监从原材料库中取出原材料，向购买方收取现金。

操作说明

(1) 采购总监

在向其他企业购买原材料时，买卖双方对原材料的价格达成一致意见后，采取一手交钱一手交货的方式进行交易——采购总监从财务总监处申请购买原材料需要的现金，买进原材料后，将原材料放到原材料库中。

> **提示** 这里的原材料成本是从其他企业购买原材料所支付的价款，在计算产品成本时应按该成本（实际成本）作为领用原材料的成本。

在出售原材料时，采购总监从原材料库中取出原材料交给购买方，收取现金后，将现金交给财务总监。

(2) 财务总监

在购买原材料时，将购买材料的现金交给采购总监。如果以高于原材料的价值购入，购买方将差额（支出现金-原材料价值）记入利润表中的其他支出，并在现金流量表中做相应的现金收支记录。

在出售原材料时，将出售原材料收到的现金放进现金库中。如果出售原材料收到的现金超过购进原材料的成本，将差额记入利润表中的其他收入，同时财务总监在现金流量表中做好现金收支记录。

(3) CEO

监督采购总监和财务总监正确完成上述操作后，在任务清单对应的方格内打"√"。

9. 开始下一批生产

当生产线上的在制品完工入库，则生产线闲置，应安排继续生产。生产线闲置仍需要支付设备维护费、计提折旧，而这些固定费用只有通过生产产品销售后才能得到弥补。

操作说明

(1) 生产总监

由生产总监按照产品结构从原材料库中取出原材料，并向财务总监申请产品需要的加工费，将该生产产品所需要的原材料和加工费放在空桶中，然后放置在闲置的生产线的起始位置上。

(2) 财务总监

对生产总监提出的产品加工费审核无误后，将现金交给生产总监，并在现金流量表中做好记录。

(3) CEO

监督生产总监和财务总监正确完成上述操作后，在任务清单对应的方格内打"√"。

10. 更新应收款/应收款收现

应收款是企业先前已交付了产品，但是客户尚未支付的款项。企业销售产品除了加急订单外，一般收到的是1～4个账期的应收款，而不是现金。

操作说明

(1) 财务总监

① 更新应收款。财务总监将应收款向现金库方向推进一格，表示应收款账期的减少。

② 应收款收现。当应收款到达现金库时，表示应收款到期成为现金，财务总监在现金流量表中做好现金收支记录。

提示 在资金出现缺口且没有银行贷款的情况下，可以考虑应收款贴现。应收款贴现可以随时进行，财务总监按7的倍数取应收款。其中，1/7作为贴现费用置于沙盘的贴息处，6/7放入现金库，并做好现金收支记录。

(2) CEO

监督财务总监正确完成上述操作后，在任务清单对应的方格内打"√"。

11. 产品研发投资

企业要增加收入必须多销售产品；而要多销售产品，就必须提供多样化的产品；要提供多样化的产品，就必须及时研发新产品。企业研发新产品，必须投入研发费用。当新产品研发完成后，企业就可以在下一季度投入生产。

操作说明

(1) 营销总监

营销总监按照年初制订的产品研发计划，向财务总监申请研发所需要的资金，放在产品研发区中相应产品的投资期处。如果产品研发投资完成，则从指导教师领取相应产品的生产资格证放置在生产资格处。企业取得产品生产资格后，从下一季度开始，可以生产该产品。

(2) 财务总监

财务总监对营销总监提出的申请审核无误后，用现金支付，并在现金流量表中做好现金收支记录。

(3) CEO

监督营销总监和财务总监正确完成上述操作后，在任务清单对应的方格内打"√"。

12. 按订单交货

企业必须按订单的要求（必须整单交货，不可以分批交货）交货，否则就会违约，支付违约金。企业只有将产品销售出去才能实现销售收入，弥补成本支出。

操作说明

（1）营销总监

营销总监按订单检查库存是否满足客户订单要求（交货期、数量、品种）。如果满足订单要求就按时交付给客户（指导教师），交货后将收到的现金或应收款交给财务总监，营销总监同时在订单表中填入成本和毛利。

（2）财务总监

如果销售产品后收到的是现金，就放在现金库中；如果收到的是应收款，就放入相应的账期处，并在现金流量表中做好现金收支记录。

（3）CEO

监督营销总监和财务总监正确完成上述操作后，在任务清单对应的方格内打"√"。

13. 支付行政管理费用

行政管理费用是企业为了维持正常经营而支付的管理人员工资、必要的差旅费、招待费、办公费等。沙盘企业每季度末必须支付 1M 的行政管理费用，而不管企业的经营状况如何。

操作说明

（1）财务总监

每个季度从现金库中取出 1M 放在沙盘的管理费用处，并在现金流量表中做相应的记录。

（2）CEO

监督财务总监正确完成上述操作后，在任务清单对应的方格内打"√"。

14. 季末现金对账

每个季度末对现金流量表和现金库中的现金进行盘点，以做到账实（这里的"实"是指现金）相符。

$$现金余额=季初余额+现金增加额-现金减少额$$

操作说明

（1）财务总监

每个季度末财务总监将现金流量表中的收入和支出分别汇总，计算出现金余额，并对现金库中的现金进行盘点。如果有差异，应找出原因。

（2）CEO

监督财务总监正确完成上述操作后，在任务清单对应的方格内打"√"。

至此，一个季度的经营业务已经完成，共有 14 项工作。

每年分成 4 个季度，每个季度需要完成固定的 14 项工作，不得以任何理由改变工作流程的顺序。

4.2.3 年末6项工作

年末，企业还有一些固定经济业务发生，需要管理者做出科学决策，及时办理年末各项业务。年末业务主要是进行年末账项的计算和结转，编制各种报表，计算当年的经营成果，反映当年的经营状况，并对当年的经营情况进行分析总结等。每年年末业务大致有6项，要及时办理，因为一旦错过这些业务，就只能等来年。

1. 申请长期贷款/更新长期贷款/支付利息

企业发展壮大除了自有资金外，就是向银行贷款。银行贷款有短期贷款和长期贷款。短期贷款每季度都可以借，而长期贷款只能在每年的年末进行，期限1年以上，最长期限为5年，年利率10%，且每年只有一次申请长期贷款的机会，一旦失去只能等待来年。长期贷款主要用于长期资产投资，如购买生产线、产品研发等。

操作说明

（1）财务总监

① 申请长期贷款。长期贷款只有在每年的年末才可以申请。具体操作时，财务总监根据本企业的资金需求计划到银行（指导教师）办理贷款申请，将贷到的现金放到沙盘的现金库中，同时将相同金额的红币放在沙盘长贷的相应账期中，并在现金流量表中做好现金收支记录。

② 更新长期贷款。如果企业有长期贷款，财务总监将桶（装有长期贷款的桶）向现金库方向推动一格，表示偿还期的缩短，当移至现金库时，表示长期贷款到期。

③ 支付利息。长期贷款的还款规则是每年付息，到期还本。如果当年未到期，则应付利息=贷款金额×10%，财务总监从现金库中取出长期借款利息置于沙盘的利息处，并在现金流量表中做好现金收支记录。长期贷款到期时，财务总监从现金库中取出现金归还银行本金（交给指导教师）和当年的利息（置于沙盘的利息处），并在现金流量表中做好现金收支记录。

（2）CEO

监督财务总监正确完成上述操作后，在任务清单对应的方格内打"√"。

2. 支付设备维护费

沙盘企业每年年末都要对生产线支付设备维护费——只要有生产线，不论生产线是否生产都要支付；尚未完工的生产线不用支付维护费。因此，在进行决策时，尽量在来年的第一季度安装完成，延长生产线的使用时间。

操作说明

（1）财务总监

财务总监从现金库中取相应现金置于沙盘的维护费处，并在现金流量表中做好现金收支记录。

(2) CEO

监督财务总监正确完成上述操作后,在任务清单对应的方格内打"√"。

3. 支付租金/购买厂房

企业进行生产经营必须有厂房,厂房既可以购买也可以租用。如果企业使用不属于自己的厂房就必须支付租金,如果不支付租金就必须购买。

操作说明

(1) 财务总监

① 支付租金。财务总监从现金库中取出同厂房租金相等的现金放在沙盘综合费用的租金处,并在现金流量表中做好现金的收支记录。

② 购买厂房。在决定购买厂房时,财务总监从现金库中取出同厂房价值相等的现金放在沙盘的厂房价值处,并在现金流量表中做好现金收支记录。

(2) CEO

监督财务总监正确完成上述操作后,在任务清单对应的方格内打"√"。

4. 计提折旧

企业的固定资产在使用过程中会发生损耗,导致固定资产价值减少,所以应对固定资产计提折旧。沙盘企业除厂房不计提折旧外,对各类生产线都计提折旧——每年年末计提一次,但在建工程和当年新建设备不计提折旧。折旧的计算方法为:折旧=原有设备价值÷4取整。每条生产线单独计提折旧,分4年计提完。

操作说明

(1) 财务总监

按沙盘规则规定计算出折旧额,从生产线的价值中取相应的金额放置于沙盘综合费用的折旧处。注意,计提折旧时只可能涉及生产线净值和其他费用两个项目,同现金流无关,因为折旧并没有减少现金。

(2) CEO

监督财务总监正确完成上述操作后,在任务清单对应的方格内打"√"。

5. 新市场开拓投资/ISO 资格认证投资

企业只有不断开发、开拓新市场才能扩大产品的销路,而不同的市场,其开拓时间和费用不同。沙盘企业只有成功开发市场后,才能获得市场准入资格,下一年才可以在新开发的市场上投入广告费用,争取客户订单。另外,有些市场对产品有 ISO 资格认证要求,企业就需要进行 ISO 资格认证投资,否则就不能获得客户的 ISO 订单。

操作说明

(1) 营销总监

① 新市场开拓。营销总监按年初的市场开拓计划向财务总监申请开拓市场对所需要的现金,放在沙盘开拓市场对应的位置。当市场开拓完成后,从指导教师处领取相应的市场准入证。

任务4　沙盘企业实战经营及战略

② ISO 资格认证投资。营销总监按年初的 ISO 资格认证计划向财务总监申请 ISO 资格认证所需要的现金，放置在沙盘 ISO 资格认证的对应位置。当 ISO 资格认证完成后，从指导老师处领取 ISO 资格证。

（2）财务总监

财务总监从现金库中取出市场开拓和 ISO 资格认证所需要的现金交给营销总监，并在现金流量表中做好现金收支记录。

（3）CEO

监督营销总监和财务总监正确完成上述操作后，在任务清单对应的方格内打"√"。

6. 关账

模拟企业每年经营结束后，为及时反映当年的财务状况和经营成果，年终要进行盘点，汇总现金流量表，编制综合管理费用明细表、利润表和资产负债表。财务总监确认会计报表正确无误，交给 CEO 审核并签字确认后，将该会计报表及时交给指导老师，以便指导老师记录并公告各个企业的财务状况和经营成果，作为下年企业申请贷款和最终成绩评定的依据。结账后，本年度的经营结束。

一年的经营结束后，每个企业的管理团队应对当年的经营状况进行分析，分析哪些决策是成功的，哪些决策失误的，总结探讨成败得失的原因，为下一年的经营做准备。

知识链接

会计报表的编制

为准确反映沙盘企业经营年度的经营成果及财务状况，必须了解有关会计报表的内容和编制方法。以下主要介绍产品核算统计表、综合管理费用明细表、利润表和资产负债表是如何编制的。

1. 产品核算统计表

产品核算统计表是核算企业在经营期间销售各种产品情况的报表，其数据来源于订单登记表，如表 4-12 所示。产品核算统计表是编制利润表的依据之一。

表 4-12　产品核算统计表

项　目	Beryl	Crystal	Ruby	Sapphire	合　计
数量					
销售额					
成本					
毛利					

2. 综合管理费用明细表

综合管理费用明细表是综合反映在经营期间发生的各种除产品生产成本、财务费用外的其他费用。综合管理费用明细表的填制内容和方法如表 4-13 所示。

表 4-13 综合管理费用明细表

项 目	金 额	填 制 方 法
行政管理费		行政管理费根据企业当年支付的行政管理费填列。企业每季度支付 1M 的行政管理费,全年共支付行政管理费 4M
广告费		广告费根据企业年初在竞单表实际支付的广告费填列
设备维护费		设备维护费根据企业每年实际支付的生产线维护费填列
设备改造费		设备改造费根据企业生产线改造支付的改造费用填列
租金		租金根据企业支付的厂房租金填列
产品研发费		产品研发费根据企业本年度研发产品支付的研发费用填列
市场开拓费		市场开拓费根据企业本年度开发新市场支付的开发费用填列
ISO 认证费		ISO 认证费根据企业本年度 ISO 认证支付的费用填列
其他		其他根据企业发生的其他支出填列。例如,出售生产线净值大于残值的部分
合计		合计是上述费用的求和

3. 利润表

利润表是反映企业一定期间经营成果的会计报表。利润表把一定期间的营业收入与其同一期间相关的成本费用项配比,从而计算出企业一定时期的利润。通过编制利润表,可以反映企业生产经营的收益情况、成本耗费情况,表明企业生产经营的成果。同时,通过利润表提供的不同时间的比较数字,可以分析企业利润的发展趋势和获利能力。利润表的内容和编制方法如表 4-14 所示。

表 4-14 利润表

项 目	上一年	本年数（填制方法）
一、销售收入		销售收入根据产品核算统计表填列,反映的是企业本年销售产品取得的收入总额
减:成本		成本是企业已交货订单实际支付的成本,根据产品核算统计表中的成本合计填列,反映的是企业本年已经销售产品的实际成本。成本=原材料成本+加工费,如果产品是向其他企业购买的,则成本=购买价格
二、毛利		毛利=销售收入-成本,反映的是企业销售产品实现的毛利
减:综合费用		综合费用根据综合管理费用明细表的合计数填列,反映的是企业本年度发生的综合费用
折旧		折旧根据企业本年度计提的折旧费填列,反映企业当年计提的折旧额
财务净损益		财务净损益根据沙盘上的利息填列,主要为短期贷款、长期贷款、高利贷利息和贴息等
三、营业利润		营业利润根据毛利减去综合费用减去折旧再减去财务净损益后的余额填列,反映企业实现的营业利润。如果为亏损,则本项目以"-"填列

(续表)

项　目	上一年	本年数（填制方法）
加：营业外净收益		营业外净收益=营业外收入-营业外支出。营业外收入包括出售订单、原材料和生产技术等的收入，组间交易销售收入也计入其中；营业外支出主要是违规操作的罚金等
四、利润总额		利润总额根据营业利润加营业外净收益的合计数填列，反映的是企业本年度实现的利润。如果为亏损，则本项目以"-"填列
减：所得税		所得税根据利润总额乘以25%取整后的数据填列，反映的是企业本年度应交的所得税税额
五、净利润		净利润根据利润总额减去所得税后的余额填列，反映的是企业本年度实现的净利润。如果为亏损，则本项目以"-"填列

4. 资产负债表

资产负债表是反映企业在某一特定日期财务状况的会计报表，是根据"资产=负债+所有者权益"的会计等式编制的。资产负债表可以提供某一日期资产、负债的总额及其结构，表明企业拥有或控制的经济资源的分布情况，以及未来需要有多少资产或劳务清偿债务、需要多长时间清偿债务，反映所有者（股东）所拥有的权益，据以判断资本保值、增值情况和对负债的保障程度。资产负债表的内容和编制方法如表4-15所示。

表4-15　资产负债表

资　产	年初数	期　末　数	负债及所有者权益	年初数	期　末　数
流动资产：			负债：		
现金		盘点沙盘现金库中的现金后填列	短期负债		盘点短期贷款和高利贷的合计数额后填列，反映企业从银行或其他金融机构等借入的期限在1年以内的各项借款
应收账款		盘点沙盘应收账款后填列，反映企业销售产品后应收的货款	应付账款		盘点应付账款的合计数后填列，反映企业因购买原材料应支付的款项
原材料		盘点沙盘原材料后填列	应交税金		根据利润表中的所得税填列，反映企业按照税法规定计算应交而未交的所得税

(续表)

资　产	年初数	期末数	负债及所有者权益	年初数	期末数
产成品		盘点沙盘成品库中的成品后填列	长期负债		盘点长期贷款的数额后填列，反映企业从银行或其他金融机构等借入的期限在1年以上的借款
在制品		盘点沙盘生产线上的在制品后填列			
流动资产合计		根据以上现金、应收账款、原材料、产成品和在制品的合计数填列	负债合计		根据以上短期贷款、应付账款、应交税金和长期负债的合计数填列
固定资产：			所有者权益：		
土地建筑净值		根据沙盘中的厂房价值填列	股东资本		股东资本是股东出资额，如果本年股东没有增资，则直接根据上年末利润表中的"股东资本"项目填列
机器设备净值		根据沙盘中的生产线设备净值之和填列	以前年度利润		根据上年利润表中"以前年度利润"和"当年净利润"的合计数填列
在建工程		根据沙盘中的未安装完毕的生产线价值之和填列	当年净利润		根据本年利润表中的"净利润"项目填列
固定资产合计		根据以上土地建筑净值、机器设备净值、在建工程的合计数填列	所有者权益合计		股东资本根据以上的股东资本、以前年度利润和当年净利润的合计数填列
资产总计		根据流动资产和固定资产的合计数填列	负债和所有者权益合计		根据负债合计和所有者权益合计数填列

提示 从资产负债表的结构可以看出，资产负债表由"年初数"和"期末数"两个栏目组成。资产负债表的"年初数"栏中的各项目数字是根据上年末资产负债表的"期末数"栏内所列数字填列的；"期末数"栏中各项目数字是根据有关项目期末余额资料编制的。

4.3 起始年企业运营具体操作

由于学生初次接触企业沙盘，为了让其熟悉并掌握运营规则和工作流程，设计了起始年。起始年操作由指导老师代行各小组 CEO 的职责，按任务清单带领各团队模拟运行，新管理层仅负责执行。起始年结束后，新管理层再接管企业。

4.3.1 起始年运营提示说明

企业在起始年不进行任何贷款、不购买新厂房、不投资新的生产线、不开拓新市场、不进行产品研发、不进行 ISO 认证，目的是保证各条生产线持续运转，对于原材料采购则根据生产的需要每季度订购一定量的 M1 原材料。

4.3.2 起始年模拟运营工作流程

1. 模拟企业年初的 4 项工作

（1）研究商业新闻

操作说明

营销总监认真分析、研究商业新闻中不同年份市场需求预测和产品价格变动趋势图，分析、判断其中所涵盖的信息。

（2）支付应付税

操作说明

请财务总监按照上年利润表"所得税"项中的数值，从现金库中取 3M 现金放在沙盘税金处，并在现金流量表中做好记录。完成上述操作后，请 CEO 在任务清单对应的方格内打"√"。

（3）支付广告费

年初每组支付 1M 广告费。

操作说明

请财务总监从现金库中取出 1M 的现金放在沙盘的广告费处，并在现金流量表中做好记录。完成上述操作后，请 CEO 在任务清单对应的方格内打"√"。

（4）登记销售订单

起始年订单由指导教师统一指派，指导教师给每组分配一个市场订单，这张订单相当于订货合同，如图 4-5 所示。图中订单中包含如下信息：企业在起始年（Y0）的第三季度（Q3）向本地市场的客户交付 6 个 Beryl 产品，每个产品的单价是 6M，共计 36M，货款是 1 个账期（1Q）的应收账款。

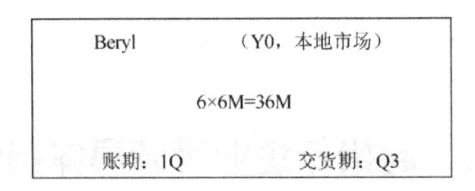

```
┌─────────────────────────────────────┐
│  Beryl           （Y0，本地市场）    │
│                                     │
│           6×6M=36M                  │
│                                     │
│  账期：1Q         交货期：Q3        │
└─────────────────────────────────────┘
```

图 4-5　市场订单

操作说明

请营销总监到指导教师处领取订单，并将这张订单在订单登记表（见表 4-16）中对市场、产品名称、账期、交货期、单价和订单数量进行登记，登记后再将订单放到沙盘的订单区。注意，交货时再将销售额、成本和毛利填写完整。完成上述操作后，请 CEO 在任务清单对应的方格内打"√"。

表 4-16　订单登记表

项目	1	2	3	4	5	6	合计
市场	本地市场						
产品名称	Beryl						
账期	1Q						
交货期	3Q						
单价	6M						
订单数量	6						
订单销售额							
成本							
毛利							

现在各企业当年的销售任务已经明确，接下来围绕订单进行生产经营活动。

2. 模拟企业日常（每季度）运营的 14 项工作

模拟企业日常运营工作主要有以下 14 项，按照其先后顺序逐一进行操作。

（1）申请短期贷款/更新短期贷款/还本付息

本项内容反映短期贷款在这一时期中的借贷和更新。起始年不进行任何贷款，但要更新短期贷款。

操作说明

请财务总监将短期贷款向现金库方向移动一个账期，由原来的 3Q 和 4Q 移动到 2Q 和 3Q 位置上。完成上述操作后，请 CEO 在任务清单对应的方格内打"√"。

（2）更新应付款/归还应付款

起始年没有此项操作，请 CEO 在任务清单对应的方格内打"×"。

（3）更新原材料订单/原材料入库

操作说明

请采购总监将 2 个 M1 原材料订单向原材料库方向推进一格，到达原材料库时，向财务总监申请 2M 现金，同原材料订单一起交给供应商（指导教师），换取相应的 2 个 M1 原材料，放到沙盘对应的原材料库中；请财务总监从现金库中取出 2M 现金交给采购总监购买原材料,并在现金流量表中记录现金的减少数;请 CEO 在任务清单对应的方格内打"√"。

(4) 下原材料订单

起始年操作应在满足生产需求的情况下,尽量减少原材料的库存。起始年的生产线只能生产 Beryl,而 Beryl 产品的 BOM 构成是 1 个 M1,M1 的订货提前期是 1Q。现在原材料库中已经有 4 个 M1 原材料,本季度手工线 3 上的 1 个 Beryl 产品下线,手工线 2 闲置,第一季度投入生产需要用到 2 个 M1 原材料,用完后还有 2 个 M1 原材料。第二季度半自动线下线一个 Beryl 产品,需要 1 个 M1 原材料,仓库中还有 2 个 M1 原材料,能满足需求,因此第一季度不需要下原材料订单。第三季度手工线 1 下线一个 Beryl,需要 1 个 M1 原料,仓库中还有 1 个 M1 原材料,能满足需求,因此第二季度不需要下原材料订单。第四季度手工线 2、手工线 3 和半自动线都各自下线 Beryl 产品,这样共需要 3 个 M1 原材料,仓库中已没有 M1 原材料,因此需要在第三季度下 3 个 M1 原材料订单。

操作说明

请 CEO 在任务清单对应的方格内打"×"。

(5) 更新生产/完工入库

企业在每个季度要更新生产,当产品完工后,要及时下线入库。

操作说明

请生产总监将手工线 1 上的在制品推向第 2 个生产期中,表示又加工了一个季度;将半自动线上的在制品推向第 2 个生产期中;将手工线 3 上的在制品放入到成品库的 Beryl 成品库中,表示这个产品已完工入库。

完成上述操作后,请 CEO 在任务清单对应的方格内打"√"。

(6) 厂房租售处理

起始年没有此项操作,请 CEO 在任务清单对应的方格内打"×"。

(7) 投资新生产线/生产线改造/变卖生产线

起始年没有此项操作,请 CEO 在任务清单对应的方格内打"×"。

(8) 向其他企业购买原材料/出售原材料

起始年没有此项操作,请 CEO 在任务清单对应的方格内打"×"。

(9) 开始下一批生产

第一季度有 2 条生产线闲置,即手工线 2 和手工线 3,应安排生产。

操作说明

请生产总监按照 Beryl 产品结构从原材料库中取出 2 个 M1 原材料,再向财务总监申请 2M 的加工费,组成 2 个 Beryl 在制品,分别放在 2 个空桶中。然后,放置在闲置的 2 条手工线上的起始位置上(第一个生产期中)。财务总监在现金流量表中做相应的记录。

完成上述操作后,请 CEO 在任务清单对应的方格内打"√"。

(10) 更新应收款/应收款收现

操作说明

请财务总监将现有的应收款向现金库方向推进一格,即将处于 2Q 应收款的 7M 向现金库方向推进一格,移至 1Q 处。再将处于 3Q 应收款的 7M 向现金库方向推进一格,移至 2Q 处。

完成上述操作后，请 CEO 在任务清单对应的方格内打"√"。

（11）产品研发投资

起始年没有此项操作，请 CEO 在任务清单对应的方格内打"×"。

（12）按订单交货

本季度没有此项操作，请 CEO 在任务清单对应的方格内打"×"。

（13）支付行政管理费用

沙盘企业每季度末都必须支付 1M 的行政管理费用，而不管企业的经营状况如何。

操作说明

请财务总监从现金库中取出 1M 放在沙盘的管理费用处，并在现金流量表中做相应的记录。完成上述操作后，请 CEO 在任务清单对应的方格内打"√"。

（14）季末现金对账

第一季度操作结束后对现金流量表中的收入和支出分别汇总，计算出现金余额，并对现金库中的现金进行盘点核对。

操作说明

财务总监对现金流量表收入和支出分别汇总，得到季末现金余额 15M。盘点现金库后，现金是 15M，账实相符。

完成上述操作后，请 CEO 在任务清单对应的方格内打"√"。

至此，起始年第一个季度经营结束，其他第二、三、四季度操作过程基本相同，不再赘述。

3. 年末 6 项工作

（1）申请长期贷款/更新长期贷款/支付利息

起始年没有此项操作，请 CEO 在任务清单对应的方格内打"×"。

（2）支付设备维护费

按照沙盘模拟规则的规定，只要有生产线，不论生产线是否生产都要支付设备维护费。现在大厂房中共有 3 条手工线和 1 条半自动线，而手工线和半自动线设备维护费为 1M/年，所以共 4M。

操作说明

请财务总监从现金库中取相应 4M 现金置于沙盘的维护费处，并在现金流量表中做好现金收支记录。

在正确完成上述操作后，请 CEO 在任务清单对应的方格内打"√"。

（3）支付租金/购买厂房

起始年没有此项操作，请 CEO 在任务清单对应的方格内打"×"。

（4）计提折旧

企业共有 3 条手工线和 1 条半自动线，每条生产线单独计提折旧，折旧=原有设备价值÷4 取整，所以折旧额共计 4M。注意，计提折旧与同现金流无关，因为折旧并没有减少现金。

操作说明

请生产总监从每条生产线的设备净值处各取出 1M 折旧费，共计 4M 放入沙盘综合费用的折旧处。

在正确完成上述操作后，请 CEO 在任务清单对应的方格内打"√"。

(5) 新市场开拓投资/ISO 资格认证投资

起始年没有此项操作，请 CEO 在任务清单对应的方格内打"×"。

(6) 关账

模拟企业起始年经营结束后，汇总现金流量表，编制综合管理费用明细表、利润表和资产负债表。

起始年的现金流量表如表 4-17 所示。

表 4-17 起始年的现金流量表

项 目	1Q	2Q	3Q	4Q
应收款到期（+）		7	7	36
变卖生产线（+）				
变卖原材料/产品（+）				
变卖厂房（+）				
短期贷款（+）				20
高利贷贷款（+）				
长期贷款（+）				
收入总计		7	7	56
支付上年应交税	3			
广告费	1			
贴现费用				
归还短贷及利息			11	11
归还高利贷及利息				
原材料采购支付现金	2			3
成品采购支付现金				
设备改造费				
生产线投资				
加工费用	2	1	1	3
产品研发				
行政管理费	1	1	1	1
长期贷款及利息				
设备维护费				4
租金				
购买新建筑				
市场开拓投资				
ISO 认证投资				
其他				
支出合计	9	2	13	22
现金余额	15	20	14	48

起始年的综合管理费用明细表如表 4-18 所示，利润表如表 4-19 所示。

表 4-18　综合管理费用明细表　　　　　　　　　　　　　　　　M

项　目	金　额
行政管理费	4
广告费	1
设备维护费	4
设备改造费	
租金	
产品研发	
市场开拓	
ISO 认证	
其他	
合　计	9

表 4-19　利润表　　　　　　　　　　　　　　　　M

项　目	去　年	今　年
一、销售收入	40	36
减：成本	17	12
二、毛利	23	24
减：综合费用	8	9
折旧	4	5
财务净损益	1	2
三、营业利润	10	8
加：营业外净收益	0	0
四、利润总额	10	8
减：所得税	3	2
五、净利润	7	6

起始年资产负债表如表 4-20 所示。

表 4-20　资产负债表　　　　　　　　　　　　　　　　M

资　产	年初数	期末数	负债及所有者权益	年初数	期末数
流动资产：			负债：		
现金	24	48	短期负债	20	20
应收账款	14	0	应付账款	0	0
原材料	2	0	应交税金	3	2
产成品	6	6	长期负债	0	0
在制品	6	8			
流动资产合计	52	62	负债合计	23	22
固定资产：			所有者权益：		
土地建筑净值	40	40	股东资本	70	70
机器设备净值	12	7	以前年度利润	4	11
在建工程	0	0	当年净利润	7	6
固定资产合计	52	47	所有者权益合计	81	87
资产总计	104	109	负债及所有者权益总计	104	109

任务4 沙盘企业实战经营及战略

起始年运营结束后,指导教师归纳总结。

现在各管理团队是不是跃跃欲试,想一展身手,准备接管模拟企业,放手一搏了?

小结:大展身手,放手一搏!

技能训练

实训项目

新管理层模拟企业一个年度的运营。

实训目的和要求

作为企业新的管理层,应该知道企业运营的起点在何处,企业运营中哪个任务是核心,什么是企业运营价值创造和源泉,企业操作的先后顺序是如何的。这些,就要求企业新的管理层,能够根据企业情况,团队协作制定出企业的经营战略,以及这一年具体的营销策略、财务策略、生产策略、采购策略,进而完成企业一个年度的模拟运营。

完成效果

企业新管理层所有成员完成自己的岗位职责,制定自己岗位的运营策略,共同完成企业一个年度的运营和盘面操作,最后填制完成企业各部门的报表。

最后,企业所有成员根据这一年度的具体运营情况,总结在操作中出现的问题,以及分析出所制定的策略有没有不当之处,并给出解决方案。

分析问题:_____

_____

_____

_____

解决策略:_____

_____

_____

_____

第2篇
ERP 电子沙盘经营

任务 5　ERP电子沙盘系统设置

任务 6　ERP电子沙盘经营规则及运行流程

任务 5

ERP 电子沙盘系统设置

知识目标

1. 掌握企业模拟运营电子沙盘教师端的启动操作。
2. 掌握企业模拟运营电子沙盘学生端的启动操作。

技能目标

能启动企业模拟运营电子沙盘学生端，顺利进入系统。

任务描述

金蝶《3D电子沙盘——沙盘管理电子对抗系统》（简称《电子沙盘》）是一种商业实战模拟训练平台。学生在该平台下分别担任虚拟公司中的总经理、财务总监、营销总监、生产总监、研发总监、采购总监等管理角色，通过全程模拟实战的训练方式，在实践中学习企业管理、企业财务运作、企业战略规划及企业经营成本控制等综合知识，在真实体验中提升各方面的管理技能。通过团队成员的努力，使公司实现既定的战略目标，并在所有公司中脱颖而出。

学习流程

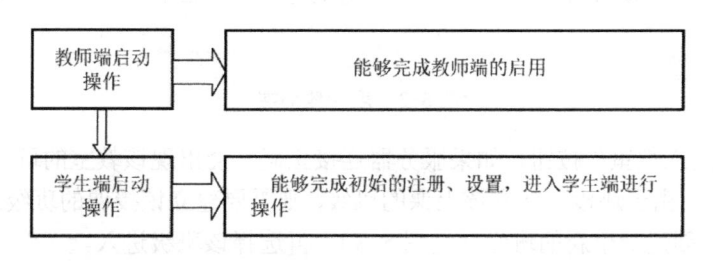

教师端启动操作	→	能够完成教师端的启用
↓		
学生端启动操作	→	能够完成初始的注册、设置，进入学生端进行操作

5.1 运行ERP电子沙盘服务器

《电子沙盘》系统平台包括了服务器端、教师端、学生端3部分。

要运行《电子沙盘》系统，首先需要启动安装有《电子沙盘》系统所在的服务器电脑，然后运行 SQL Server 数据库，再运行服务器上的《电子沙盘》数据处理中心程序。

操作说明

双击"电子沙盘服务器处理中心"，如图 5-1 所示。正常启动运行后，《电子沙盘》服务程序的图标会显示在桌面上。

图 5-1　电子沙盘服务器启动后的图标

5.2 运行ERP电子沙盘教师端

教师正常授课的前提是必须启动《电子沙盘》教师端程序。

操作说明

1) 双击桌面上的《电子沙盘》教师端程序，出现如图 5-2 所示的对话框。

图 5-2　启动教师端

2) 单击"进入教室"按钮，如果服务器连接正确，会出现该教室的班级列表。如果是给新的班级上课，由于还没有建立该上课的班级，则需要建立该授课的班级。可以进入"新建班级"窗格，创建一个新的班级（见图 5-3），再选择该班级进入。

任务 5　ERP 电子沙盘系统设置

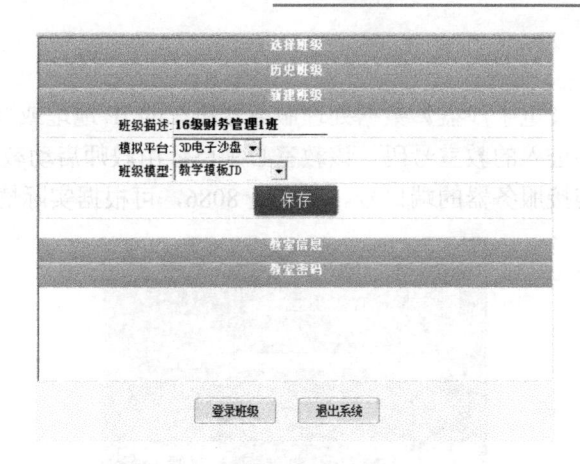

图 5-3　新建班级

3）刚建立的班级名称会出现在班级列表中。在班级列表中选择该班级，单击"登录班级"按钮。登录班级后，显示教师端程序进入后的主窗口如图 5-4 所示。

图 5-4　教师端主窗口

至此，完成《电子沙盘》教师端程序启动。

5.3　运行 ERP 电子沙盘学生端

学生进行模拟操作，必须启动《电子沙盘》学生端程序。

操作说明

1）首先双击桌面上的《电子沙盘》学生端程序，出现如图 5-5 所示的对话框。

79

ERP 沙盘模拟经营

选项说明

- 服务器。填入《电子沙盘》数据处理服务器所在的 IP 地址或网址。
- 教室。输入要进入的教室号码。该教室必须已经由教师启动教师端程序进入。
- 端口。输入连接服务器的端口号。默认是 8086，可根据实际情况输入。

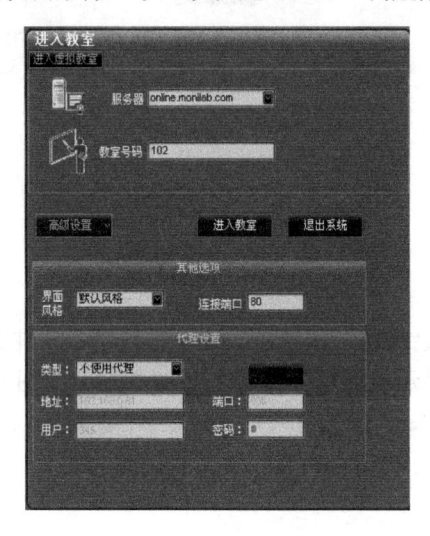

图 5-5　进入教室

2）注册新用户。如果正常连接，将会出现学生登录窗口。第 1 次使用时，学生不能登录，需要提交申请，教师审核通过后才可以使用该学生名字登录，这就需要注册新用户。先单击右上角的"注册新用户"按钮，在出现的注册页面中输入登录的学生信息，选择教师已经创建的小组号（新建的学生必须加入小组，教师未创建小组则学生无法注册），输入完个人信息后单击"保存"按钮，弹出"注册成功，请等待讲师审核通过"信息框，如图 5-6 所示。

图 5-6　注册新用户

任务 5　ERP 电子沙盘系统设置

3）教师审核通过。学生注册后，教师需要给学生解锁才能使用。进入教师端程序，单击左边窗格"系统参数设置"下的"学生分组管理"按钮，右边会显示出新申请的学生姓名。如果未出现，在右边窗口中单击鼠标，然后按 F5 键刷新屏幕。单击该名字右侧"账户锁定"一栏的加锁标志，标志变为 🔓 ，表示已同意该学生注册，如图 5-7 所示。

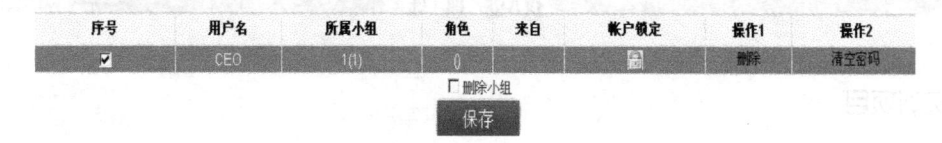

图 5-7　教师解锁

4）登录小组。在学生端，按 F5 键刷新屏幕，或者重新启动程序，会看到申请已获教师批准。选择刚申请注册的名字，单击"登录"按钮，即可进入学生端程序。场景如图 5-8 所示。

图 5-8　学生端场景

提示　同学们登录系统后，在个人信息处修改各自的角色。系统只允许 CEO 进行操作，其他角色只能查看。

至此，学生端已正常登录。当教师进行年初操作后，学生端进入主场景后的界面如图 5-9 所示。

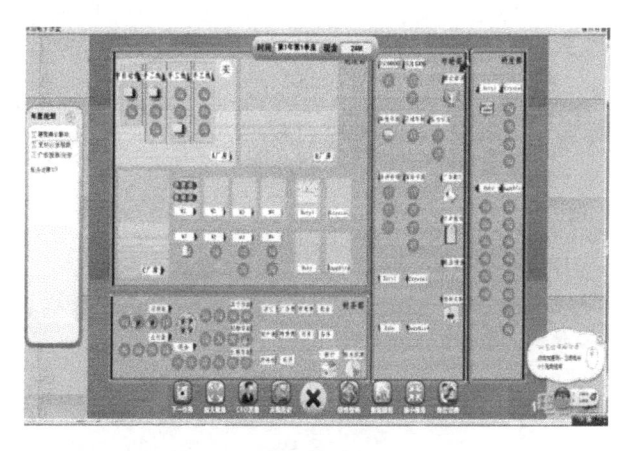

图 5-9　开始操作的主场景

小结：正确操作，展开博弈！

技能训练

实训项目

完成 3D 电子沙盘学生端的注册和启动。

实训目标和要求

3D 电子沙盘同物理沙盘一样，首先分组成立新的管理团队来接手一个老的企业。要求同学们注册新的用户，完成注册后能顺利启动并登录。

完成效果

正确启动 3D 电子沙盘并登录；各个管理团队完善个人信息修改，进行角色分工。

任务 6

ERP 电子沙盘经营规则及运营流程

知识目标

1. 熟悉 ERP 电子沙盘运营规则。
2. 掌握 ERP 电子沙盘运营流程。

技能目标

1. 能熟练运用电子沙盘运营规则。
2. 能处理运营过程中遇到的问题。

任务描述

各团队即将进入电子沙盘一展身手、展开较量，但较量前首先要熟悉、掌握电子沙盘的竞争规则，知晓电子沙盘操作流程、注意事项及决策要点。

学习流程

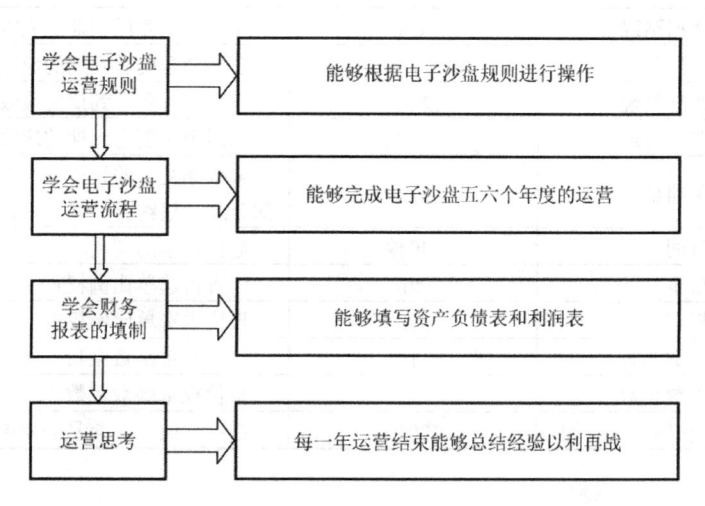

学会电子沙盘运营规则	能够根据电子沙盘规则进行操作
学会电子沙盘运营流程	能够完成电子沙盘五六个年度的运营
学会财务报表的填制	能够填写资产负债表和利润表
运营思考	每一年运营结束能够总结经验以利再战

6.1 企业电子沙盘经营规则

在模拟经营之前，学生应首先熟悉 ERP 电子沙盘运营规则。这些规则是各模拟企业办理各项经济业务，处理业务发生结果所必须遵守的操作规范。

6.1.1 数据规则

数据规则如表 6-1 所示。

表 6-1 数据规则

项 目	当 前 值	说 明
课程运行季度数	24Q	课程可以按照设置运行几个季度
公司初始现金	24M	每家公司的注册资金（实收资本）
所得税税率	25%	企业经营当季利润表中的利润总额如果为正，按该税率在下季初缴纳所得税
行政管理费	1M	公司每季度的行政管理费用
短期贷款利率	5%	向银行申请的短期贷款季度利率
短期贷款还款周期	4Q	向银行申请的短期贷款还款时间
长期贷款利率	10%	向银行申请的长期贷款季度利率
长期贷款还款周期	5Y	向银行申请的长期贷款还款时间
高利贷贷款额度	80M	高利贷贷款最大额度
高利贷利率	20%	公司资金链断裂时，系统会自动给公司申请高利贷。此为借款总的利率
高利贷还款周期	4Q	系统自动提供的高利贷的还款周期
最大贷款授信额度，公司权益的倍数	2倍	同一个季度内，向银行申请短期和长期借款的最高额度为该倍数乘以公司上一季度的权益
一账期应收票据贴现率	10%	在一个季度后到期的应收票据贴现率
二账期应收票据贴现率	10%	在二个季度后到期的应收票据贴现率
三账期应收票据贴现率	12.5%	在三个季度后到期的应收票据贴现率
四账期应收票据贴现率	12.5%	在四个季度后到期的应收票据贴现率
未交付订单罚金率	30%	未按期交付的订单，按该比率对未交付的部分缴纳违约金，并取消订单
选单时间	240秒	选择订单的规定时间
广告权重	40	广告占选单比例权重
报价权重	60	报价占选单比例权重
广告权重函数系数	1	广告权重函数系数
报价权重函数系数	1	报价权重函数系数
原材料或产品交易的规定时间	120秒	原材料或产品交易的规定时间

6.1.2 产品研发规则

在 ERP 电子沙盘模拟系统中，每家公司可以研发并生产销售 4 类产品。这几类产品的研发周期不同，所需投入的研发费用也不相同。在完成研发投入和经过相应的研发周期后，公司可以获得相关产品的生产许可资格，如表 6-2 所示。

表 6-2 产品研发规则

产品名称	研发周期/Q	每期费用/M	总费用/M
Beryl	0	1	0
Crystal	4	1	4
Ruby	6	2	12
Sapphire	8	2	16

规则说明

- 所有 4 类产品可以同步进行研发，每季度按要求分别投入相应的研发费用。
- 如果公司资金紧张，当季可以暂时停止产品研发。如果当季已经研发，则可以撤销，将来有资金时继续进行研发。
- 产品研发累计周期和投入完成后，在下一季度可以生产该产品。

6.1.3 资质认证规则

随着市场竞争日益激烈，客户对产品质量的意识越来越高，同时相关部门对环境保护的意识逐步提高，这些都对公司生产产品和参与市场提出了更高的要求——部分订单会要求公司通过相关认证才能参与投标。在电子沙盘中共有两种类型的认证，即 ISO9000 和 ISO14000，如表 6-3 所示。

表 6-3 资质认证

认证名称	ISO9000
认证周期	1Q
每期费用	1M
总费用	1M
认证名称	ISO14000
认证周期	2Q
每期费用	1M
总费用	2M

规则说明

- ISO9000 和 ISO14000 认证体系可以进行同步投入——每年度按要求分别投入相应的认证费用。
- 如果公司资金紧张，当季可以暂时停止认证投入。如果当季已经认证，可以撤销，将来有资金时再继续进行投入。
- ISO 认证投入完成后，在下一年度可以参与有相关认证要求的市场竞争。

6.1.4 厂房规则

公司生产产品需要有生产线，生产线必须安装在厂房内。生产厂房共有 3 种类型，不同类型厂房可容纳的生产线数量不一样，每类厂房均可购买或租用，如表 6-4 所示。

表 6-4 厂房

厂房名称	A 厂房
容纳设备/条	4
租用价格/（M/Q）	6
购买价格/M	40

厂房名称	B 厂房
容纳设备/条	3
租用价格/（M/Q）	4
购买价格/M	30

厂房名称	C 厂房
容纳设备/条	1
租用价格/（M/Q）	2
购买价格/M	15

规则说明

对租用的厂房，到付租金任务时，如果厂房内没有任何生产线，则不管当年是否使用过该厂房，均需支付租金。

6.1.5 生产线规则

按照生产不同产品的技术含量的不同，生产线有 4 种类型，不同类型的生产线各方面的性能和参数均有所不同，可以根据需要选择适合的生产线来组织产品生产。生产线规则如表 6-5 所示。

任务6 ERP 电子沙盘经营规则及运营流程

表 6-5 生产线规则

手工线				
每期安装费用/（M/Q）	5	设备产能	1
安装周期/Q	1	生产周期/Q	3
转产周期/Q	0	转产费用/M	0
维护费用/M	1	年折旧/M	1
折旧期/Q	4	残值/M	1

半自动线				
每期安装费用/（M/Q）	5	设备产能	1
安装周期/Q	2	生产周期/Q	2
转产周期/Q	1	转产费用/M	2
维护费用/M	1	年折旧/M	2
折旧期/Q	4	残值/M	2

全自动线				
每期安装费用/（M/Q）	5	设备产能	1
安装周期/Q	3	生产周期/Q	1
转产周期/Q	2	转产费用/M	6
维护费用/M	2	年折旧/M	3
折旧期/Q	4	残值/M	3

柔性线				
每期安装费用/（M/Q）	6	设备产能	1
安装周期/Q	4	生产周期/Q	1
转产周期/Q	0	转产费用/M	0
维护费用/M	2	年折旧/M	5
折旧期/Q	4	残值/M	4

规则说明

- 投资购买新生产线时，按安装周期平均支付投资额。如果公司资金紧张，可暂时停止投资，将来有资金时再继续进行投资安装。安装完成后，从下一季度开始可以生产产品。
- 生产线安装完成从当年开始计提折旧。每年均要按规则计提折旧，计提折旧共4年。计提完后将不再计提折旧，此时生产线价值为残值。
- 除了新采购并处在安装期的生产线，公司其他的生产线每年均需要支付维修费用。
- 如果变卖生产线，销售金额为生产线采购值减去累计折旧后的净值。折旧完的生产线如果要变卖，应按残值价格销售。折旧期满后生产线可以继续生产产品。

6.1.6 产品生产规则

1. 不同产品的原材料组成

不同产品由不同的原材料组成。原材料组成规则如表 6-6 所示。

表 6-6　原材料组成规则

产品名称	原材料组成	中间产品组成
Beryl	1M1	无
Crystal	1M2	1Beryl
Ruby	1M2+2M3	无
Sapphire	1M2+2M3+1M4	无

2. 产品加工费

在产品生产过程中，不同生产线生产不同的产品加工费会有所不同，如表 6-7 所示。

表 6-7　产品加工费规则

设备名称	产品名称	加工费/M
手工线	Beryl	1
	Crystal	2
	Ruby	3
	Sapphire	4
半自动线	Beryl	1
	Crystal	1
	Ruby	2
	Sapphire	3
全自动线	Beryl	1
	Crystal	1
	Ruby	1
	Sapphire	2
柔性线	Beryl	1
	Crystal	1
	Ruby	1
	Sapphire	1

6.1.7 原材料采购规则

在生产产品之前，企业必须有生产产品所需要的各种原材料。不同原材料采购有一定的付款账期，采购到货期也有所不同，如表 6-8 所示。

任务 6　ERP 电子沙盘经营规则及运营流程

表 6-8　原材料采购规则

原材料名称	采购成本/M	到货周期/Q	付款周期/Q
M1	1	1	0
M2	1	1	0
M3	1	2	0
M4	1	2	0

规则说明

- 没有下订单的原材料不能采购入库。
- 所有下订单的原材料到期必须采购入库。
- 原材料入库时必须到交易处支付现金，购买已到期的原材料。
- 下原材料采购订单时必须填写采购订单登记表，然后携带采购总监的运行记录和采购订单登记表到交易处登记。

6.1.8　市场开发规则

在初始状态，所有公司均可以在本地市场销售产品，但其他一些市场需要投入一定费用并进行一定时间的前期开发才能进入销售。每个新市场允许持续投入，也可以暂时中断或终止投入。如果终止对市场的开发投入，已投入的费用不退还。市场开发规则如表 6-9 所示。

表 6-9　市场开发规则

市场名称	本地市场
开发周期/Q	0
每期费用/M	1
总费用/M	0
市场名称	区域市场
开发周期/Q	1
每期费用/M	1
总费用/M	1
市场名称	国内市场
开发周期/Q	2
每期费用/M	1
总费用/M	2

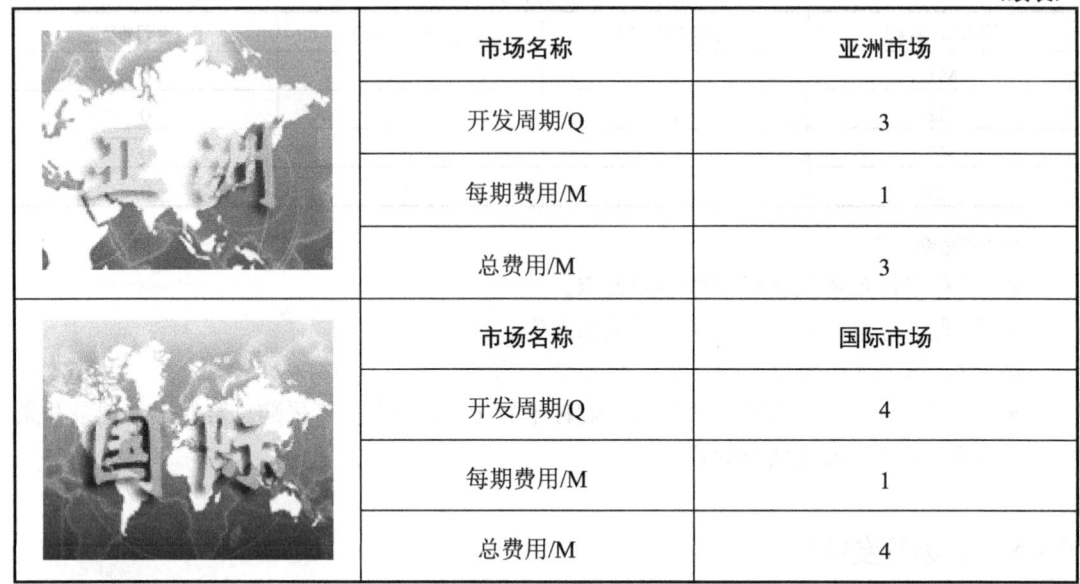

(续表)

	市场名称	亚洲市场
	开发周期/Q	3
	每期费用/M	1
	总费用/M	3
	市场名称	国际市场
	开发周期/Q	4
	每期费用/M	1
	总费用/M	4

6.1.9 市场招投标规则

在模拟运营开始时，每家公司只能销售 Beryl 产品，其他产品研发成功后才能生产和销售。客户每年年初都会提出若干份订单采购计划，每家公司自己决定选择哪些订单。

① 订单报价。对订单进行报价，报价不超过最高限价。

② 市场推广费用（广告投入）。自行决定投入金额，应不大于目前拥有现金数。要投入在已开发的市场上才有意义。

根据订单报价和市场推广费用，决定由哪家公司获得订单。

6.2 熟悉商业环境

《3D 电子沙盘——沙盘管理电子对抗系统》同物理沙盘一样，提供一个模拟的市场环境，参加训练的所有学生分组组成多家企业，并在一个共同的环境下相互对抗竞争。小组成员分别担任企业的总经理、财务总监、营销总监、生产总监、研发总监、采购总监等角色，全面体验企业的规划、创立、发展、成长的各个阶段。企业发展中的各项营销管理工作及其他企业运营管理工作等各个方面的经营决策，均由团队成员根据市场发展和竞争形势的变化独立完成，最终通过平衡计分卡的综合评价分数来全面衡量模拟企业的经营绩效。

整合各项资源、实现业绩增长、打造良好的竞争力、给股东带来丰厚的投资回报等，都是需要团队共同努力来完成的。

6.3 电子沙盘模拟运营流程

《3D 电子沙盘——沙盘管理电子对抗系统》分为教师端和学生端，在开始模拟运营之前，需要分别进入系统。运营时教师发布命令，学生按指令进行相应操作。

电子沙盘运营流程同物理沙盘一样，分为年初任务、季度任务和年末任务，各个模拟公司必须按照既定的业务流程和运作顺序依次执行。

6.3.1 年初任务

年初任务共 3 项，学生根据绿色箭头所指示的白色框，单击完成相应操作。需要提醒的是，以后每一步操作都要单击"完成决策"按钮，再单击"下一任务"按钮，进入下一步操作。

1. 查看商业新闻

操作说明

单击绿色箭头所示的"商业新闻"，出现如图 6-1 所示的界面。各管理团队研究并分析商业新闻中所含的信息，制定该年度的战略规划。

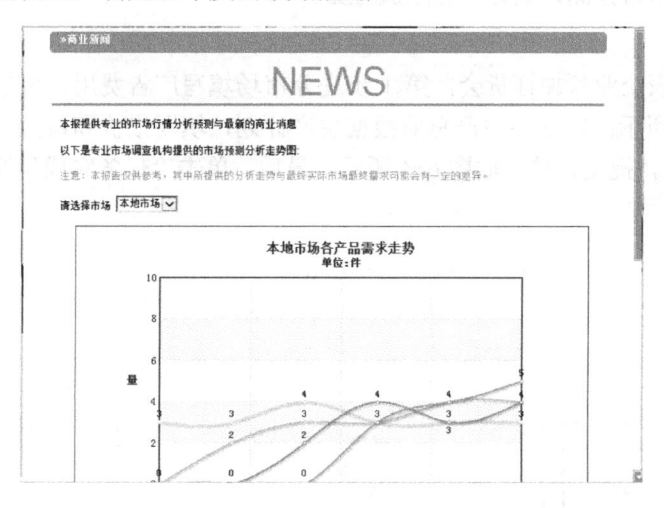

图 6-1　商业新闻

提示　在模拟操作过程中可以随时查看商业新闻。

2. 支付应付税

单击下一任务中绿色箭头所示的"所得税"，再单击"纳税"按钮（见图 6-2），企业即可支付上年应交的税金。

图 6-2　支付所得税

3. 广告投放与报价

每年年初企业要参加一年一度的产品订货会。而参加产品订货会需要投入广告费，因为只有支付了广告费才能在该市场争取市场订单。因此，年初时企业管理团队应结合企业实际情况，根据销售预测，制订广告投放方案。

操作说明

营销总监代表企业参加订货会，第 1 步先分市场填写广告费用，再单击"投入广告"按钮，如图 6-3 所示；第 2 步生产总监根据生产计划，填写报价和最大承接量，然后单击"订单报价"按钮，提交订单，如图 6-4 所示。最后，单击"任务完成"按钮，等教师发布任务。

图 6-3　广告投放

任务 6　ERP 电子沙盘经营规则及运营流程

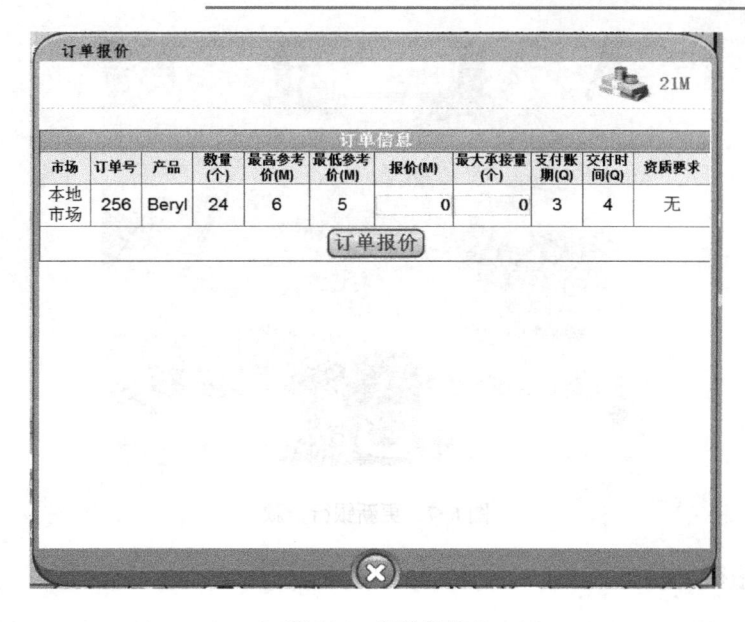

图 6-4　订单报价

6.3.2　季度任务

年初任务结束后，进入季度业务运作流程。电子沙盘模拟经营共分为 4 个季度，除第一季度有登记销售订单共 11 步外，其他季度共 10 步，如图 6-5 所示。

1. 登记销售订单

教师单击全年经营任务后即可查看本公司获得订单的情况，如图 6-6 所示。

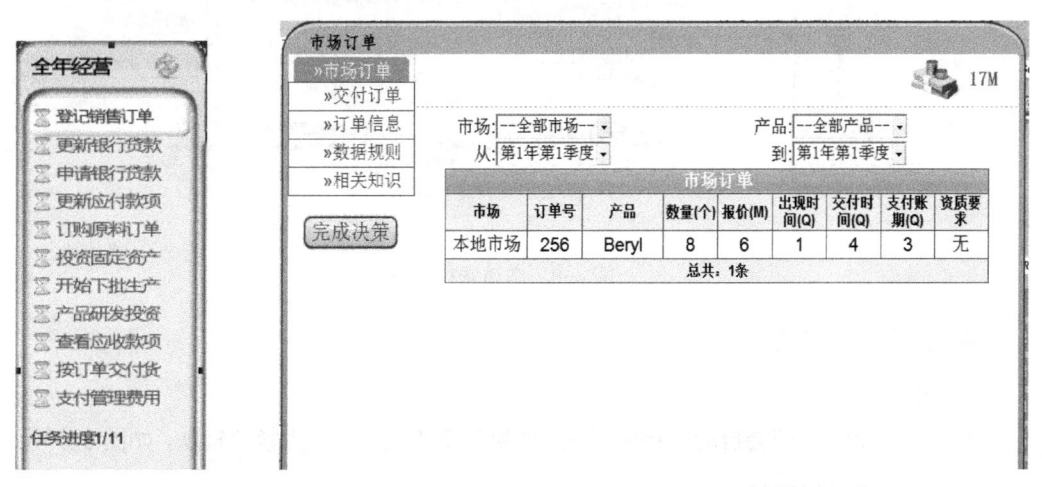

图 6-5　每季度运营步骤　　　　图 6-6　查看销售订单

2. 更新银行贷款

单击绿色箭头所示的银行贷款，出现如图 6-7 所示的界面。

图 6-7　更新银行贷款

3. 申请银行贷款

每个季度模拟企业可以申请短期贷款——只能申请一次，申请额为 20 的倍数，且只能在系统授信额度以内。

操作说明

如果需要短期贷款，在填写借款数额和借款种类后，单击"申请借款"按钮即可，如图 6-8 所示。

图 6-8　申请银行贷款

4. 查看应付款项

操作说明

查看应付款，系统会自动归还应付款。如果现金不足，会产生紧急贷款，如图 6-9 所示。

5. 订购原材料订单

操作说明

采购总监根据生产计划计算出所需要的原材料品种、数量和使用时间，填写所需要的原材料的数量，然后单击"购买"按钮，完成原材料的购买，如图 6-10 所示。

任务6　ERP电子沙盘经营规则及运营流程

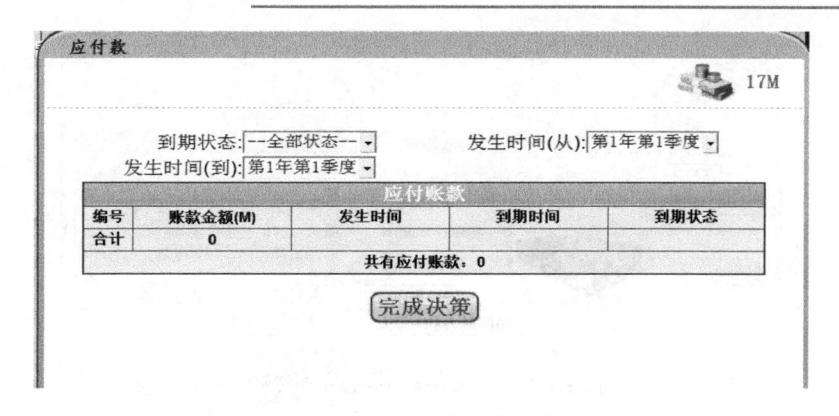

图6-9　查看应付款

提示　原材料订购后不可退货；如果没有下原材料订单，可能造成停工停产或产生紧急采购。

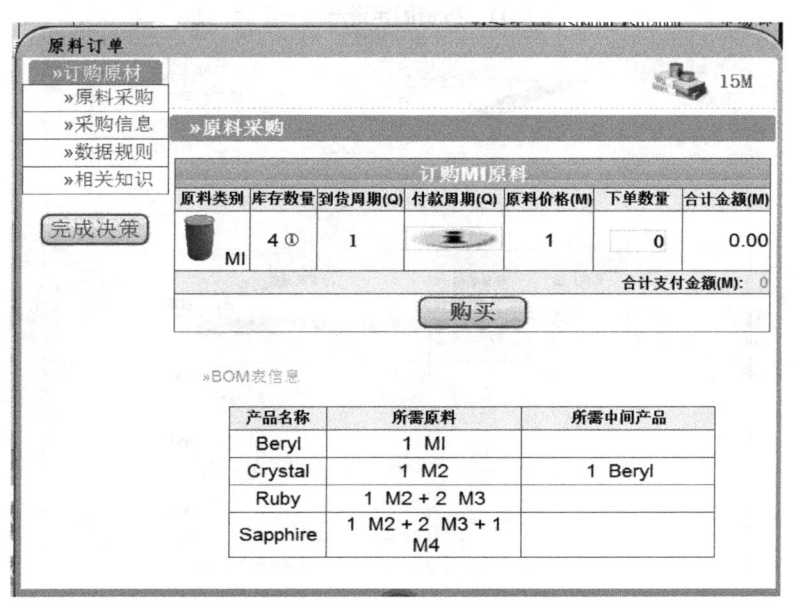

图6-10　订购原材料订单

6. 投资固定资产

操作说明

厂房可以购买或租；可以购买新的生产线，但是在投资新生产线时应选择购置的设备类型（手工线、半自动线、全自动线，还是柔性线，但最好买全自动线或柔性线）和新设备所生产的产品类型（要注意的是，全自动线在安装时一定要确定生产产品的类型，尽量不发生转产），并选择新设备安装的厂房；对于已经建成但没有在线产品的生产线，也可以转产生产其他产品，操作时单击"设备转产"选项即可，如图6-11、图6-12所示。

提示　生产线（设备）只能购买不能租赁。

95

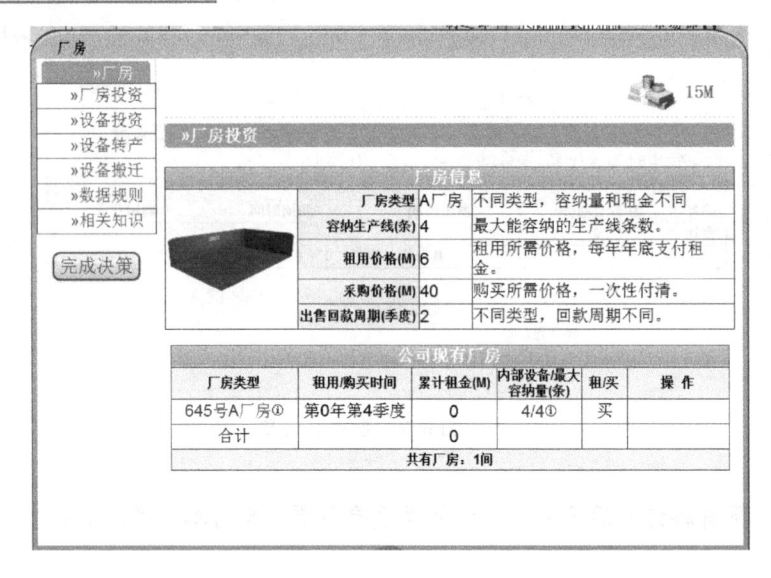

图 6-11 投资固定资产——厂房

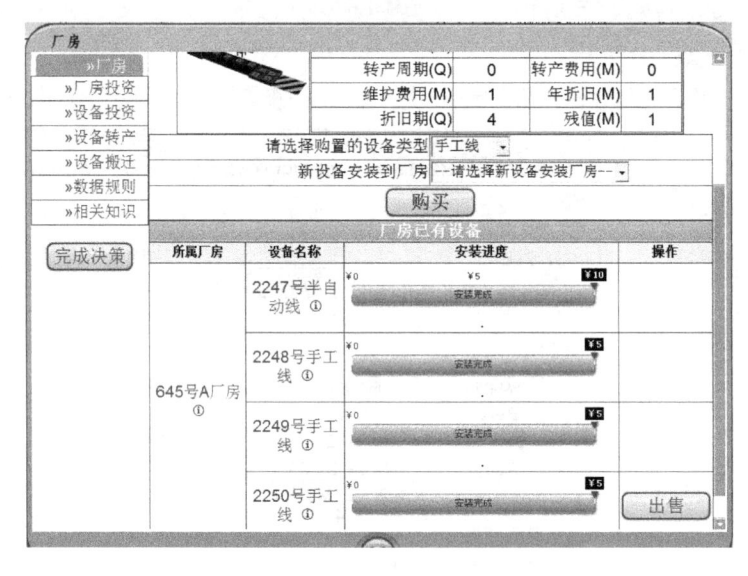

图 6-12 投资固定资产——设备投资

7. 开始下批生产

操作说明

只有空的生产线才能投料生产。操作时首先选择生产产品的品种，然后选择闲置的生产线，并输入产品生产数量 1，单击"投料生产"按钮即可（也可撤销生产），如图 6-13 所示。

8. 产品研发投资

根据不同产品的研发时间和每期研发投资，决定是否研发新产品及对已研发的新产品是否继续研发。

任务6　ERP电子沙盘经营规则及运营流程

图 6-13　开始下批生产

操作说明

系统自动列出本公司尚未研发和尚未完成研发的全部产品，研发投资时只要单击"投入"按钮，系统就会自动支付投资资金，如图6-14所示。

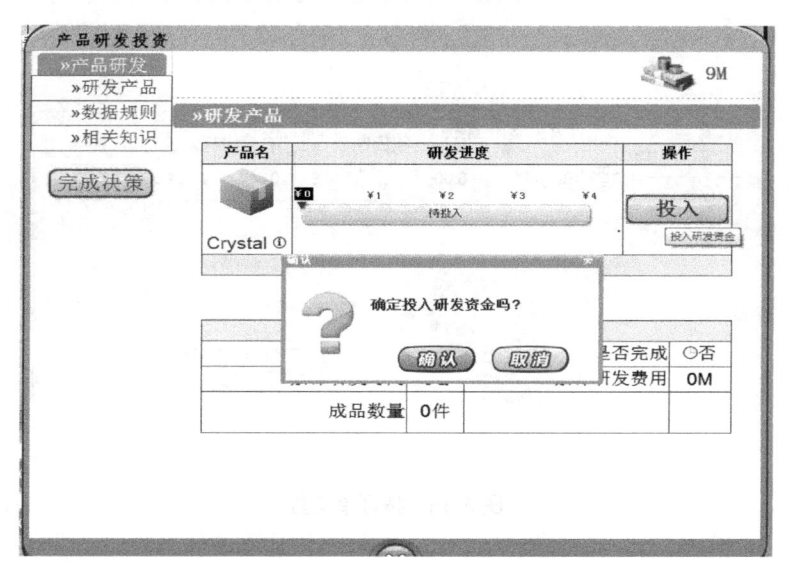

图 6-14　产品研发投资

提示　产品研发投资每季度只能操作一次，当新产品研发完成后，系统显示成功研发的标志——小红旗，下一年就可以竞争这种产品的订单了。

9. 查看应收款

操作说明

查看应收款，即更新应收款，系统会自动更新应收款，如图6-15所示。

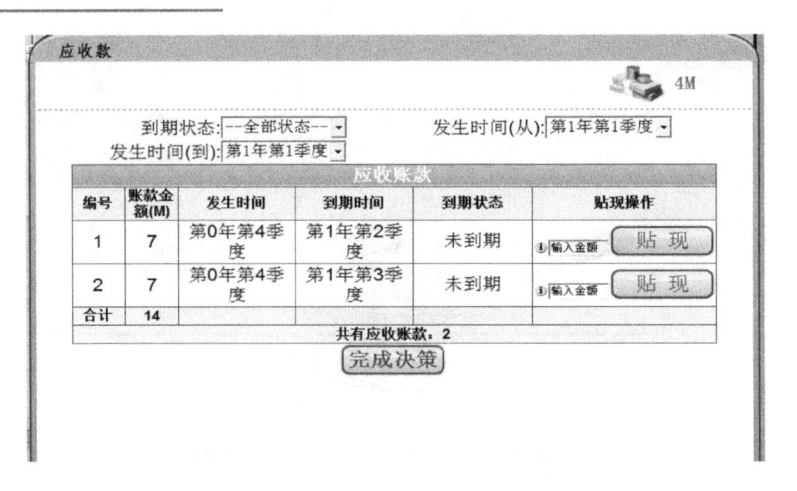

图 6-15　查看应收款

10. 按订单交货

操作说明

系统会自动列出当年未交付的订单，操作时只要单击"交付"按钮即可，如图 6-16 所示。

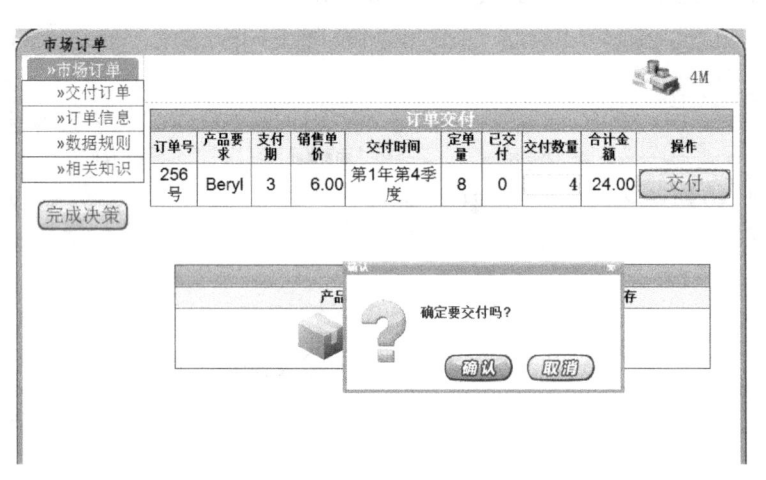

图 6-16　按订单交货

提示　电子沙盘跟物理沙盘不同，电子沙盘订单没有交货期的限制，只要成品库中有订单对应的产品都可以交货，而且不要求整张交，可以分批交货。

11. 支付行政管理费

模拟企业每个季度都要支付行政管理费 1M。

操作说明

系统会自动支付行政管理费 1M，学生端可查看行政管理费支付情况而无须操作，如图 6-17 所示。

任务 6 ERP 电子沙盘经营规则及运营流程

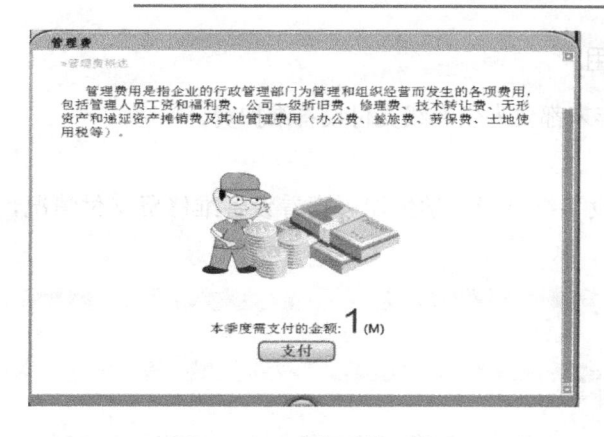

图 6-17 支付行政管理费

第一季度结束后进行下一季度操作——一年有 4 个季度，所以各模拟企业需要运行 4 个季度。但是需要注意的是，第四季度同年末 7 项任务一并推出，尤其是借了长期贷款的公司一定要提前做好预算，因为第四季度第 1 个任务是更新银行贷款，系统会把到期的短期贷款连本带息和长期贷款的利息一并归还银行，如果现金不足会产生紧急贷款。

6.3.3 年末任务

季度任务运行结束后进入年末任务，年末任务共有 7 项。

1. 申请长期贷款

长期贷款主要用于长期资产投资，如购买生产线、产品研发等。每年年末只有一次申请长期贷款的机会，一旦失去只能等待来年。

操作说明

首先在系统中选择借款类型"长期贷款"。还款周期系统设置最长为 5 年，到期后系统自动做还款处理。再输入借款金额，这里注意不能超过最大贷款额度。最后，单击"申请借款"按钮即可完成操作，如图 6-18 所示。也可撤销以上操作，只要单击"撤销"按钮即可。

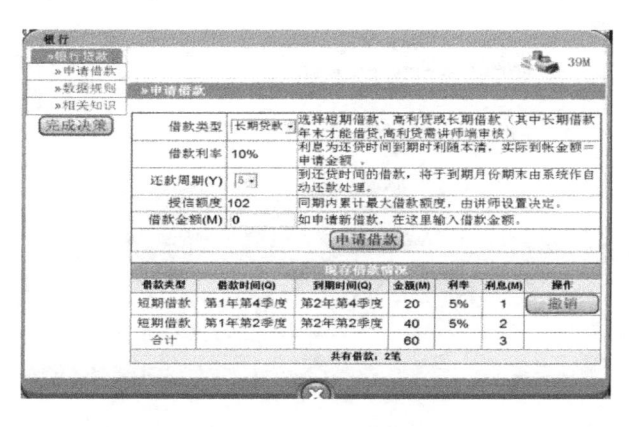

图 6-18 申请长期贷款

2. 支付维护费用

模拟企业每年年末都要为生产线支付设备维护费。

操作说明

系统自动支付设备维修费，学生端可查看设备维修费支付情况，无须其他操作，如图 6-19 所示。

图 6-19　支付设备维护费

提示　模拟企业只要有生产线，而不论生产线是否生产都要支付设备维护费。

3. 支付厂房租金

如果模拟企业是租赁的厂房，则到年底需要支付租金，如图 6-20 所示。

图 6-20　支付厂房租金

任务 6　ERP 电子沙盘经营规则及运营流程

操作说明

系统自动支付厂房租金，学生端单击"支付"按钮完成厂房租金支付操作。

4. 支付违约金

年末，如果企业尚有超过交货期仍未交货的订单，则本年该订单不允许再交货，系统自动收回逾期未交的订单，并在年底扣缴违约金，如图 6-21 所示。

操作说明

学生单击"支付"按钮，完成违约金支付操作。

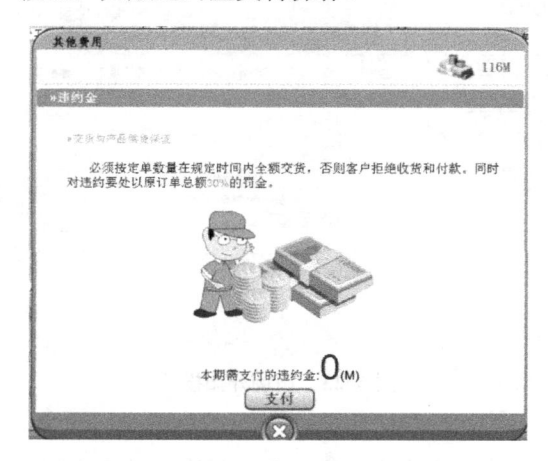

图 6-21　支付违约金

5. 设备计提折旧

由于固定资产在使用过程中会发生损耗，导致固定资产价值的减少，所以要对固定资产计提折旧。沙盘企业除厂房不计提折旧外，对各类生产线都要计提折旧——每年年末计提一次。

操作说明

系统自动扣除折旧，学生端单击设备折旧情况，完成操作，如图 6-22 所示。

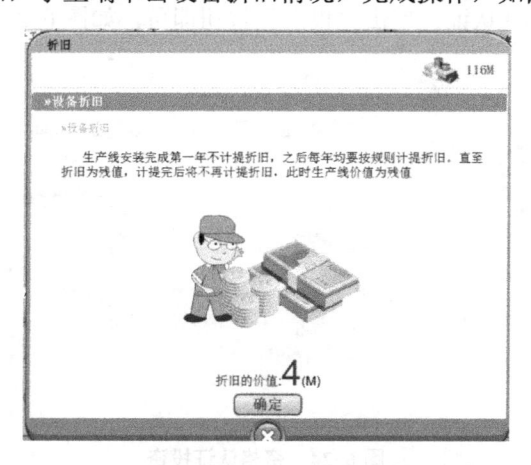

图 6-22　设备计提折旧

6. 市场开拓投资

在季末各模拟企业要决定是否开拓新市场或是否对正在开发的市场继续投资。只有某个市场开发完成以后，该企业才能在该市场取得经营资格，并在该市场上进行广告宣传，争取客户订单。

操作说明

根据系统显示的待开拓的市场，单击"投入"按钮即可，如图6-23所示。

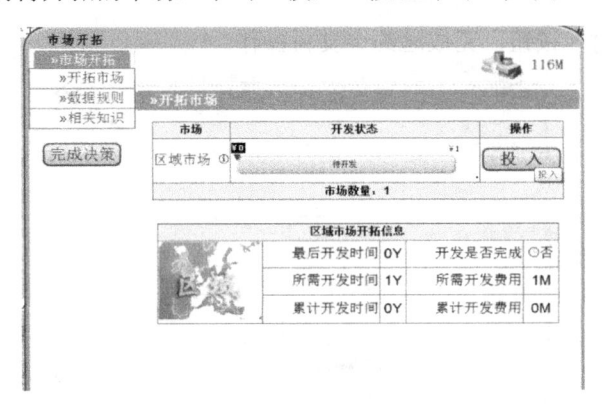

图6-23 市场开拓投资

提示 可以选择一个或多个市场进行开拓投资，对已确认投入的市场，系统自动扣缴市场开拓费。

7. 资格认证投资

年末各模拟企业要决定是否进行ISO认证或是否对继续投资正在研发的ISO进行认证。因为只有完成ISO资格认证的企业，才能争取客户的ISO订单。ISO认证包括ISO9000和ISO14000两种。

操作说明

根据系统显示的ISO认证，单击"投入"按钮即可，如图6-24所示。

图6-24 资格认证投资

6.3.4　关账

一年经营结束后，年末需要进行盘点，编制利润表和资产负债表。

操作说明

手动填报利润表和资产负债表，填写完成后单击“提交”按钮，服务器自行评分，如图 6-25 和图 6-26 所示。

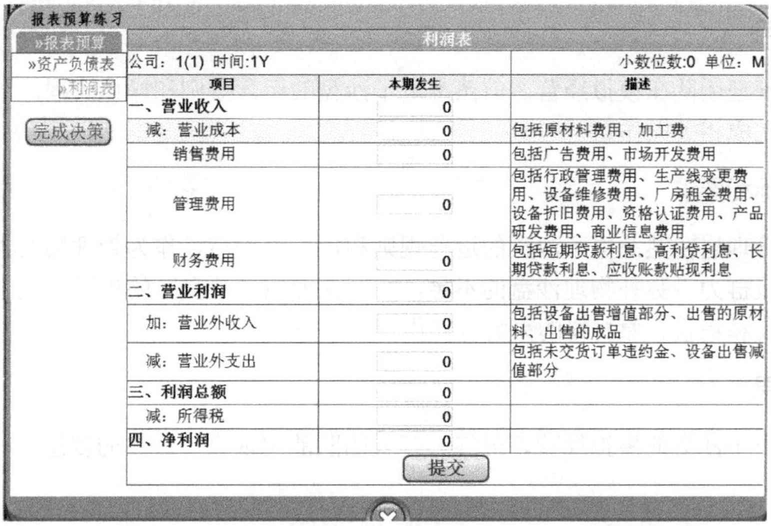

项目	本期发生	描述
一、营业收入	0	
减：营业成本	0	包括原材料费用、加工费
销售费用	0	包括广告费用、市场开发费用
管理费用	0	包括行政管理费用、生产线变更费用、设备维修费用、厂房租金费用、设备折旧费用、资格认证费用、产品研发费用、商业信息费用
财务费用	0	包括短期贷款利息、高利贷利息、长期贷款利息、应收账款贴现利息
二、营业利润	0	
加：营业外收入	0	包括设备出售增值部分、出售的原材料、出售的成品
减：营业外支出	0	包括未交货订单违约金、设备出售减值部分
三、利润总额	0	
减：所得税	0	
四、净利润	0	

图 6-25　利润表

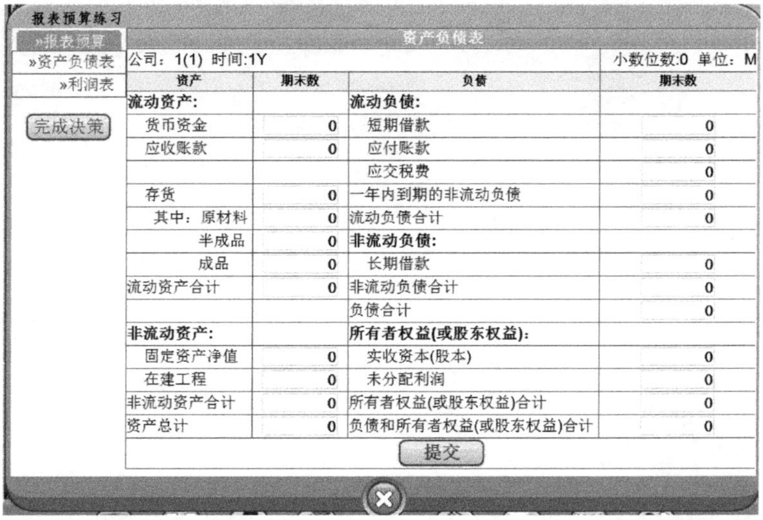

资产	期末数	负债	期末数
流动资产:		流动负债:	
货币资金	0	短期借款	0
应收账款	0	应付账款	0
		应交税费	0
存货	0	一年内到期的非流动负债	0
其中：原材料	0	流动负债合计	0
半成品	0	非流动负债:	
成品	0	长期借款	0
流动资产合计	0	非流动负债合计	0
		负债合计	0
非流动资产:		所有者权益(或股东权益):	
固定资产净值	0	实收资本(股本)	0
在建工程	0	未分配利润	0
非流动资产合计	0	所有者权益(或股东权益)合计	0
资产总计	0	负债和所有者权益(或股东权益)合计	0

图 6-26　资产负债表

至此，一年经营结束，各模拟企业的管理团队对这一轮的经营结果进行总结，分析成败得失的原因，尤其是分析年初重要决策有没有失误、决策执行过程中有没有偏差、哪一个环节出现了问题等。在总结经验教训的基础上，开始制定下一年的战略决策。

小结：只有对其理解并熟练掌握，才能在同竞争对手的搏杀中脱颖而出，取得最后的胜利。

技能训练

实训项目

请各个管理团队在模拟经营之前熟悉电子沙盘的运营规则和操作流程，比较与物理沙盘的异同，完成相关操作。

实训目标和要求

企业新管理层在熟悉电子沙盘的运营规则和操作流程后，作为管理层的各成员就要分工合作、群策群力，弥补物理沙盘的不足，共同探究电子沙盘下的市场开发、生产线的安装、产品研发和销售、原材料的采购等操作。

完成效果

通过对电子沙盘的模拟经营，最终有管理团队能实现人生最大的梦想——数钱数到手抽筋。

第3篇
策略和技巧

任务 7　企业模拟运营战略分析

任务 8　企业模拟运营技巧

任务 7 企业模拟运营战略分析

知识目标

1. 熟悉企业市场策略。
2. 熟悉企业产品生产研发战略。
3. 熟悉企业财务策略。
4. 熟悉企业运营整体策略。

技能目标

1. 能熟练运用企业市场策略。
2. 能熟练运用企业产品生产研发战略。
3. 能熟练运用企业财务策略。
4. 能完成企业运营整体策略的设计、运营。

任务描述

新管理层通力合作进行了为期 6 年的物理沙盘和电子沙盘模拟经营,新管理层认真履行岗位职责,在分析市场、制定战略、营销策划、生产制造、财务管理方面获得宝贵经验,全面提升管理能力。

学习流程

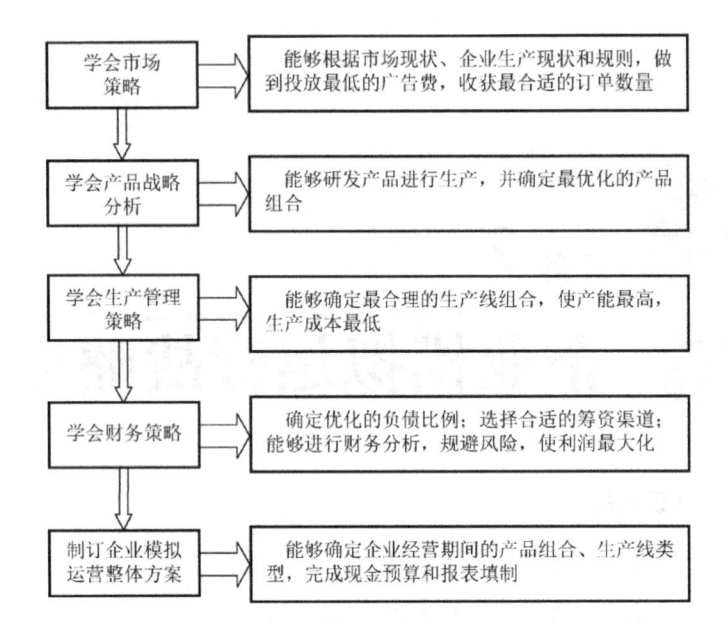

```
学会市场策略 → 能够根据市场现状、企业生产现状和规则，做到投放最低的广告费，收获最合适的订单数量
      ↓
学会产品战略分析 → 能够研发产品进行生产，并确定最优化的产品组合
      ↓
学会生产管理策略 → 能够确定最合理的生产线组合，使产能最高，生产成本最低
      ↓
学会财务策略 → 确定优化的负债比例；选择合适的筹资渠道；能够进行财务分析，规避风险，使利润最大化
      ↓
制订企业模拟运营整体方案 → 能够确定企业经营期间的产品组合、生产线类型，完成现金预算和报表填制
```

7.1 企业运营市场策略分析

7.1.1 产品投放市场策略分析

我们通过 ERP 沙盘模拟演示企业运营全过程。企业运营过程以产品生产为核心，以产品的最终销售为目的，所以整个运营中最关键的一环，就是如何把产品卖出去以实现销售利润最大化。其中，首先面临的选择是市场投放问题。

假设现在企业库存有 N 个 Beryl，那么到底是投 3 个市场还是投 4 个市场呢？遵循利润最大化原则，一般情况下投入到 4 个市场中利润较大或者相对较大的一个或几个市场，能够带来相对较高的收益。另外，多投几个市场，由于市场的分散性特征，总的价格更稳定，总利润也会更加稳定。

从理论上讲，我们不应该存在放弃市场的选择，即使当期利润受到一定影响，因为此时的利润少远不如市场的延续性重要。但是，如果某产品的产量低到极限，就另当别论了。由于现实资源的限制，当很难生产一定量的某种产品时，要尽可能做一定调整，争取使其能满足每个市场均存在销售量。如果意识到下期某产品产量严重不足，可在上期的部分市场合理提价，预留合理库存，以保证下期该产品在该市场即使不供货也尚有销量。

总之，一般而言，产品的投放原则是：利润最大化原则；市场份额最大化原则。

7.1.2 产品广告策略分析

广告费怎么投？该投多少？这往往是学习沙盘过程中经常遇到的一个问题。很多人希望得到一个秘籍、一个公式、一个方法，可以套用、可以保证准确。其实，在沙盘运营过程中，几个队伍真正博弈交锋的战场就在市场的选单过程，产品的选择、市场的选择都集中反映在广告费用投放策略上。兵无定势，水无常形，不同的市场、不同的规则、不同的竞争对手等一切内外部因素都可能导致广告投放策略的不同。因此，要想找一个公式从而做到广告投放的准确无误，是很难的。那是不是投放广告就没有任何规律可循呢？当然不是，很多优秀的营销总监都有一套市场投放的技巧和策略。下面一起探讨一下关于广告投放的一些基本考虑要素，从而更好地做好广告投放。当然还是那句话，没有绝对制胜的秘籍，提供的方法也仅仅给大家提供一种思路，供大家参考。

通常拿到一个市场预测，首先要做的就是将图表信息转换成易于识别的数据表，如表7-1所示。

表7-1 市场预测表

本地	产品	第 年			
			Beryl	Crystal	Ruby	Sapphire
	数量				
	价格				

通过这样的数字化转换以后，可以清晰地看到各种产品、各个市场、各个年度的不同需求和毛利。通过这样的转换，不仅可以让我们对不同时期市场的"金牛"产品一目了然，帮助我们的战略决策，更重要的是通过市场总需求量与不同时期全部队伍的产能比较，可以分析出该产品是供大于求还是供不应求。通过这样的分析，就可以大致地分析出各个市场的竞争激烈程度，从而帮助确定广告费。另外，除了考虑整体市场的松紧情况外，还可以将这些需求量除以参赛的队数，得到一个平均值。那么，在投广告时，如果打算今年出售的产品数量大于这个平均值，意味着可能需要投入更多的广告费用去抢别人手里的市场份额。反过来，如果打算出售的产品数量小于这个平均值，那么相对来说可以少投入一点广告费。

7.2 产品战略分析

运营初始所经营的企业已经具备一种产品——Beryl 的生产能力和一定的市场，尚有3种产品可供选择性开发。同时，已有产品 Beryl 的性能、质量等有待进一步提高，也可以放弃生产。因此，对产品的发展战略，存在多种选择：一是产品的种类选择；二是在既定的产品种类下做怎样的组合的选择；三是如何对已生产和将要生产的产品进行研发规划的选择；四是不同产品生命周期阶段不同战略的选择。

7.2.1 产品组合抉择

运营正式开始的第一件事是制定公司发展战略，而制定公司发展战略首先就是选择生产什么产品，确定产品未来的基本发展方向。现在可供选择的基本产品战略组合，也是比较常见的战略组合有：两产品战略；三产品战略；四产品战略。下面就结合近年来全国和我们的校园实战来分别加以分析。

1. 两产品战略

最显著的优点就是低成本，特别在前半个经营期几乎可以遥遥领先。但后劲严重不足，在定胜负的中后期，产品市场过于集中，利润增长困难，企业生存空间狭小，经营风险较大，并且人均利率、市场占有率等指标极其低下。从实战来看，在低水平的初级运营中，此战略获胜普遍存在，但在高水平对抗中暂无获胜案例。

(1) 策略一：Beryl、Crystal 策略

优势：该策略的研发费用较低，仅为 10M，能有效控制住综合费用，进而使利润、所有者权益能够保持在一个较高的水平。这对于后期的发展非常有利。第 1 年的所有者权益控制在 55M 为最佳；第 2 年实现盈利后，所有者权益会飙升至 65M 以上；以此策略在第 3 年扩建成 8 条生产线。这是迄今为止扩大产能速度最快的一种策略。当然，即使环境恶劣到第 2 年一个产品都没有卖出去，收不到任何现金，在这一年依然可以活得很舒心，可以轻松地坚持到下一年。以产能来挤压竞争对手的生存空间，这条策略无疑是最优的。

劣势：这条策略的优势非常明显，而劣势则不易察觉。使用该策略的同学可以在前期建立很大的优势，但在后期通常神不知鬼不觉地被超越。原因有二：其一，Beryl、Crystal 策略在后期缺乏竞争力，当大家都扩建起 10 条线的时候，Beryl、Crystal 的利润显然不如 Ruby、Sapphire，所以被所有者权益相差 20M 以内的对手反超不足为奇；其二，当同学用此策略建立起前期优势后，难免有些松懈，而赛场如战场，形势可能一日数变，如果缺乏足够的细心和耐心处理对手的信息，被对手在细节处超越的可能性是很大的。

(2) 策略二：Crystal、Ruby 策略

这套策略可以称为攻守兼备，推荐选择 2 条柔性线，Crystal、Ruby 各有 1 条全自动线。

优势：此策略的优势在于使用者在比赛全程都可以获得产品上的优势——Crystal 在 2、3 两年的利润可以达到 5M，这时可以用 3 条生产线生产 Crystal，从而达到利润最大化，后期 Crystal 的利润仍然保持在 4M 左右，而 Ruby 利润为 4.5M 左右，差距不是很大。此外，后期柔性线转产后，仅剩 1 条全自动线生产 Crystal，极大地增加了转产其他产品的机动性。因此，这条策略的优势概括起来就是全程保持较高的利润，无论战况如何都能处于一个有利的位置。

劣势：这套策略虽然可以使经营趋于一种稳定的状态，但倘若想有一番大的作为，必须尽可能地添加几个筹码，如后期扩张时多开几条 Sapphire 生产线。

2. 三产品战略

三产品战略是一个堪称经典的绝佳战略。原因有二：一是只研发三产品的费用不高，只有 10M；二是第 3 年以后三产品的市场颇为可观。

优势：无论何种层次的比赛，三产品表面上看都像一块鸡肋，似乎食之无味，弃之可惜。但如果能够静下心来仔细揣摩参赛者的心理，就可以明白，三产品前期不如两产品的利润大，后期不如四产品的利润大，而且三产品门槛不高。这些都是三产品的明显缺陷。正是由于这些缺陷才导致了三产品从来不会过于显眼，所以使用纯三产品战略往往可以起到规避风险的作用，这样就可以大大降低市场广告费用的投放，也就是变相提高了产品的利润。此外，三产品后期利润有所增加，市场很大，故而通过建成 8 条生产线，完全可以做大做强。

劣势：因为三产品的研发周期较长，所以在第 2 年卖不出多少产品，第 2 年真要生产的话，会面临生产线维修等诸多问题，需要考虑。而第 3 年生产的话会导致权益太低，前期被压制，十分辛苦，心理压力会增大，一旦失手就会输掉比赛。因此，选择这个战略一定要沉着稳定，要有一颗强大的心脏。

3. 四产品战略

四产品战略绝对是一个险招，所谓不成功则成仁，也就是指这个战略了。它前期投入相对较多，但后势强劲，并且各项权衡指标均得到平衡，具有极强的竞争力。

优势：优势很明显，就是四产品的利润巨大，当每卖出一个产品都能获得比别人多 1M 以上的利润时，1 条生产线可以多 4M，4 条就可以多 16M，8 条就是 32M。前期的 16M 意味着什么？意味着可以多贷出 40M 的贷款，而 40M 的贷款就可以多建 3 条生产线。一般来说，前期的 5M 差距到后期就可以扩大到 20M 以上，何况 16M。此外，四产品还有一个优势，就是要进入这个市场比进入三产品市场难多了，不仅多了 8M 研发费用，原材料成本也是很大的，所以如果对手不在初期进入市场，后期基本进不来。因此，一旦前期确立了优势，就意味着胜利到手了。另外，四产品的单价极高，倘若比赛规则中有市场老大，则使用纯四产品的同学可以轻易地拿到市场老大，从而以最低的广告成本选择最优的订单。

劣势：因为纯四产品的前期投入很大，很损伤所有者权益，所以往往要采用长期贷款策略，从而背负上很大的还款压力，并且四产品的市场容量较小，一旦前期对手较多，就可能导致优势减弱或全无，进而陷入苦战之中，结局就会很悲惨了。

不同的情境，不同的对手，不同的策略，都会影响到战略的力量。对于在既定情况下到底是选择三产品还是四产品，我们的认识是这样的：主要考虑的是一个产品生存空间的问题，三产品战略比较适合运营级别或水平较低，或者赛区参赛率不高的情况，在此情况下，即使产能过于集中，各产品仍然有足够的生存空间，利润也还比较可观。但是在高水平且参赛率较高的情况下，大家都有较强的扩张能力，产品、市场的竞争极为激烈，各产品的生存空间相对缩小，产能过于集中，难以应对各种不确定风险，如果我们的主打产品或市场被别人倾销，冲击极大，或许这也是三产品战略难以登峰造极的原因所在。

7.2.2 产品结构优化

不论选择的是四产品战略还是三产品战略，甚至两产品战略，都存在一个产品结构优化的问题。假设已决定生产 Beryl 等 4 种产品，那么各产品间怎样的组合结构是最优的呢？对于最优，要从不同的角度来理解，最常用的指标是利润，即实现利润最大化。

从各市场每种产品的单位边际贡献指标来看，四产品战略的利润潜力是最大的。由于其产能的充分分散，使得各市场的产品数量相对较少，价格相对更高，从而在产能一样的情况下，四产品战略各市场的单位边际贡献均高于其他产品组合战略。

7.2.3 研发策略

运营规则规定："企业要生产某种产品，需先投入基本的研发费用，包括为生产该新产品所需要的技术研发费用、生产设备的购置费用等。为了确定该产品的生产，企业还需要进一步投入研发费用。"

在这里，我们往往最关注的是这两个问题：第一，研发会增加成本；第二，研发能促进需求的增加。其中，增加的成本是确定的，但是增加需求的幅度，却是我们未知的，也是需要我们用科学的方法来检测的。除此之外，我们还应注意早研发早受益，因为研发具有长期效应，其受益期为研发当期及以后各期，越早研发受益期越长。

7.3 产品生产管理策略分析

7.3.1 生产能力扩大策略分析

由运营规则可知，生产设备的折旧是按年度来折算而不是按使用时间来计算的，因此当最大限度地使用生产设备并不会加速生产设备折旧。同样，最大限度地使用生产设备也不会降低生产设备效率，生产设备产出效率始终为 100%。因此对现有生产能力的最大利用是让所有生产设备都运行，不是迫不得已的情况下不要停产。当大家都认同这一点时，产能的扩大问题就变成了生产设备规模扩张的问题。

那么，怎样才能最有效、最快速地扩大生产设备规模呢？每一家公司都在冒着公司资金断流、破产的风险最大限度地购买生产设备，尤其是技术水平高、生产能力大的机器设备。然而要做到这点，公司必须具备以下能力。

① 一张计算完全准确的会计科目表。它同运营流程的计算结果无任何差异（这是最基本的财务要求）。

② 基本准确地预算三期（各种收入、费用、利润等）的能力。只有具备这个能力，才能清楚地认识到这次买多少生产设备是极限。

③ 具有财务上"贴零"运行的勇气。关于贴零运行的两层含义是：首先，保证收入实现以前的闲置资金贴为 0 或接近 0，即不浪费一分钱——这是一件很容易做的事，有一张精确的会计科目计算表就行；其次，在极限扩张中，以后各期的预算也贴零，即充分利用财务资源，将企业潜能发挥到极限，当然这对市场预测的准确度要求是特别高的。

具体的扩张思路一般有两种：一是各期均平稳地购买生产设备；二是跳跃式地购买生产设备。对于这两种思路，从最后的生产设备总效果来看并无明显的优劣之分。对于第 1 种思路，是得到广泛应用的，因为这不仅有利于招人的平稳性，更有利于市场的把握（主要在于其扩张的节奏很平稳）；对于第二种思路，对操控能力的要求更高——一般生产设备是买一期歇一期的间歇式购买。跳跃式购买一般也分为两种情况：一种是主动的战略性选择；一种是被迫的战略性调整。对于前者，只要成熟驾驭并无显著问题；对于后者，则是迫于市场、财务状况同预计的差异，导致的扩张步伐大调整——这往往会导致产品、市场等方面与之不协调，进而给生产调整带来诸多问题。

7.3.2 生产计划策略分析

确定企业生产计划的各项指标，做好企业生产任务的综合平衡，是一个复杂的工作过程。如何科学地确定产品产量，合理安排产品出产进度，做好多品种生产的品种搭配，是生产任务综合平衡工作的主要内容。

1. 科学地确定产品的产量

生产什么产品，是一个企业面临的首要问题。一般来说，企业产品的方向是在建厂初期就确定了的。在确定生产什么产品以后，科学地确定企业产量就成了企业决策的首要问题。企业的产量受到企业生产能力、市场需求状况、原材料、能源供应状况、企业的技术水平和生产组织方式的制约。

2. 产品生产进度安排

企业编制生产计划，不仅要科学地确定全年生产任务，而且要把全年的生产任务逐期分解，下放到各个季度和各个月份。这就是产品生产进度的安排工作——可以利用之前编制的原材料采购计划和产能计划表来实现生产计划的编制。

3. 品种搭配

单品种生产的企业，在确定了产品总产量和各期产品产量以后，就可以着手编制生产作业计划了。但是，对于多品种生产的企业，则需要决定在某一生产时期内，把哪些品种的产品安排在一起生产。这主要应考虑几个方面的问题。

① 对经常生产和产量较大的产品，要考虑在保证市场供应和满足顾客订货的前提下，尽量在全年各季度、各月份安排均衡生产，以保持企业生产过程的稳定性。

② 对于企业生产的非主要品种，组织"集中轮番"生产，加大产品生产的批量。完成一种产品的全年生产任务以后，再安排其他品种的生产，以减少设备调整和生产技术准备的时间及费用。

③ 对复杂产品和简单产品、大型产品和小型产品、尖端产品和一般产品，在生产中应合理搭配，以使各个工种、设备及生产面积得到充分利用。

④ 新老产品的交替要有一定的交叉时间，在交叉时间内，新产品产量逐渐增加，老产品产量逐渐减少，以避免齐上齐下给企业生产造成大的震动。这也有利于逐渐培养熟练工人，提高新产品生产的合格率。

7.4 财务战略分析

我们认为ERP沙盘运营的本质就是一个以财务资源为核心的企业资源规划过程。在有限的经营期内，如何通过合理地规划和实施，将企业做到最强最大，才是沙盘运营对各企业考核的核心。因此，我们认为财务战略应作为企业核心战略而备受关注。

首先，得清楚比赛中财务部的职能是什么。在企业运营前半阶段，财务部门几乎是人们最忽视、最看不起的职能部门——在前半阶段大赛交流运营中，肯定会有不少团队把财务部门的工作简单地看成是计算会计科目和现金流。实则不然，财务部门应该是企业中除了总经理之外的第二把手。

7.4.1 现金流管理策略

"如果说比赛中非得说哪个失误最严重，是致命的，那就是预留现金不够了。"这足见现金的重要性，因此加强对现金流的全面管理是十分必要的。现金流管理只要一出问题，立刻会产生显著的"蝴蝶效应"——初始的微小误差可能会导致结果巨大的盘亏，因而精确计算现金流是一切决策的前提。

企业的现金流问题通常发生在取得销售收入的环节以前。在此之前，企业现金基本上是没有"收入"只有支出的，"收入"也只有银行贷款。银行贷款是比赛中最常用的融资渠道，到底贷多少，取决于各队的决策。现金在销售收入实现以前的支出主要取决于贷款规模（每期都偿还一定比例的本息）、本期的生产决策（原材料、研发、管理费、维修费、市场开发费）和市场营销策略（广告和认证费）。这些安排好了，企业在现金流上基本上就不会出现太大的问题。当然，这是建立在一张计算完全精确的现金流或会计科目表基础上的，如表7-2所示。只是对于初次接触比赛的同学来说，这并不容易。

表7-2 现金流量表

项 目	一季度	二季度	三季度	四季度
应收款到期（+）				
变卖生产线（+）				
变卖原材料/产品（+）				
变卖厂房（+）				
短期贷款（+）				

任务7　企业模拟运营战略分析

(续表)

项　目	一季度	二季度	三季度	四季度
高利贷贷款（+）				
长期贷款（+）				
收入总计				
支付上年应交税				
广告费				
贴现费用				
归还短贷及利息				
归还高利贷及利息				
原材料采购支付现金				
成品采购支付现金				
设备改造费				
生产线投资				
加工费用				
产品研发				
行政管理费				
长期贷款及利息				
设备维护费				
租金				
购买新建筑				
市场开拓投资				
ISO认证投资				
其他				
支出总计				
现金余额				

虽然在这个模拟环境中不存在通货膨胀（货币贬值）、紧缩等，但是也不能把企业富余资金降低，完全贴零。

企业最主要的现金收入来源只有一项销售收入。债务融资的偿还和企业期末现金的多少，都要依赖企业的销售收入。因此，各期预计销售收入的实现程度直接决定了企业战略是否能继续贯彻下去。这是由决策者的判断和市场实际结果的误差程度决定的。这里所强调的误差，是实际收入比预计收入减少的百分比。一般而言，误差1%是良性的，小于1%的误差都可谓之精确；误差5%左右是可承受的，只要微调下期的综合决策即可；误差到10%左右就要对下期的综合决策做出重大调整了；如果误差程度达到20%（收入减少20%），那么企业的正常运营就会受到严重挑战，特别是对那些各期预算均贴零、极速扩张的企业更是如此。当然，控制误差不是财务部门能做到的，需要市场部门加强预测的准确性。

一般而言，在中前期银行贷款富足的情况下，如果市场出现重大偏差，一般是通过减少长期预算来调整企业战略的，如减缓扩张步伐、延迟研发等；在中后期交替之时，银行贷款额度一般耗用殆尽，而企业还在进行最后的大扩张，处于一个即将进入拥有超额资金的时期，但此时相当于黎明前的黑暗，企业正处于资金最为紧张的时刻——因为银行贷款额度为 0，意味着没有可供企业生产经营的调节性资金，而企业仍在充分地、最大限度地使用资金。此时，如果由于市场意外滞销导致现金不足，一般通过调整当期基本生产经营预算予以解决。具体调整手段，按企业的损失大小依次如下。

1. 缩减广告费用

这是最迫不得已的手段。一般而言，当在市场上出现销售困难时，理应增加广告费用以缓解降价压力，而此时却通过缩减广告费用以缓解现金不足，实属无奈之举。实质性缩减广告费用将极大地增加市场把握难度——一般所说的缩减广告费用是指减少原预算计划中的广告费用增加额度。例如，原计划本期广告费用总额增加 8M，但考虑到现金不足调整为 5M 或不增加。

2. 压缩生产，也就是减产

这往往是最有效、最直接的手段。减产的基本原则有：减产最耗原材料的产品、减产市场中最为滞销的产品，相对缓解市场压力；从市场角度考虑，减产单位边际贡献最小的产品；从尽可能减少利润损失的角度考虑，各产品均衡减产。

3. 调整生产结构

如果调减最耗原材料的产品，则一般在短缺少量资金时，该调整是极其有效的。例如，节省 10M 原材料即可节约 10M 资金。对于如何判断何种产品最耗原材料，不是简单地看何种单位产品所需的原材料量最大，而是根据各单位产品的"原材料机时比"，也就是单位机时所耗原材料——该指标最高的产品最耗原材料。

一般在运营中面对切实的现金问题时，往往是集中各种手段进行调整，而非完全依赖于某一种手段。在此，我们认为在企业规划中，应留有一定的预算弹性空间，至于弹性空间具体多大，视各公司的市场、财务把握能力而定。

7.4.2　预算管理策略

在沙盘运营中，要想取得好成绩，预算理念应逐步深入各运营团队。不论是各团队的成长，还是运营过程的成长，都经历了一个"无预算—基本的生产、财务预算—全面预算"的发展过程。凡事预则立，不预则废。因此，预算思想不断为各团队所接受并重视起来。不过总的来说，各队还处于一个基本的生产、财务预算，正朝着全面预算发展的阶段，所以要求做好现金预算表。一般为了保证方案的可行性和资金保障，要求一个方案至少做出 3 年左右的现金预算。

我们的沙盘运营不仅仅是一个生产规划的过程，也不仅仅是一个财务规划的过程，而是一个企业资源规划的过程，企业是作为一个整体而存在的。能否将企业的生产、市场、财务有机地结合起来，使企业内部各部门、各环节实现统筹规划、协调发展，直接决定了企业在竞争中的成败，故在此要强调的是全面预算。

全面预算是关于企业在一定的时期内各项经营活动、财务表现等方面的总体预测，是对企业战略规划的一种正式、量化的表述形式。全面预算通过合理分配企业人、财、物等

任务 7　企业模拟运营战略分析

战略资源协助企业实现既定的战略目标，并同相应的绩效管理配合，以监控战略目标的实施进度，控制费用支出，预测资金需求和利润。现金预算表如表 7-3 所示。

表 7-3　现金预算表　　　　　　　　　　　　　百万元

项　目	一季度	二季度	三季度	四季度
期初现金（+）				
变卖生产线（+）				
变卖原材料/产品（+）				
变卖厂房（+）				
应收款到期（+）				
支付上年应交税				
广告费投入				
贴现费用				
利息（短期贷款）				
支付到期短期贷款				
原材料采购支付现金				
设备改造费				
生产线投资				
生产费用				
产品研发投资				
支付行政管理费用				
利息（长期贷款）				
支付到期长期贷款				
设备维护费				
租金				
购买新建筑				
市场开拓投资				
ISO 认证投资				
其他				
现金余额				
需要新贷款				

7.4.3　财务分析

　　财务分析是指以财务报告和其他相关的资料为依据和起点，系统分析和评价企业过去和现在的经营成果、财务状况及其变动的一种方法。其目的是了解过去，评价现在，预测未来，帮助利益关系集团改善决策。财务分析的最基本功能是将大量的报表数据转换成对特定决策有用的信息，减少决策的不确定性。

　　财务报表分析的起点是财务报表，分析使用的数据大部分来源于公开发布的财务报表。因此，财务分析的前提是正确理解财务报表。财务报表分析的结果是对企业的偿债能力、盈利能力和抵抗风险能力做出评价，或者找出存在的问题。

财务报表分析是认识的过程,通常只能发现问题而不能提供解决问题的现成答案,只能做出评价而不能改善企业的状况。

1. 财务报表分析

(1) 资产负债表

资产负债表是企业财务结构的"快照",是总括反映企业在一定日期的全部资产、负债和所有者权益的会计报表,是关于一个企业资产结构和资本结构的记录。

企业资产负债表反映了企业同企业之外的社会各界的契约关系,对于了解和把握特定时点企业财务结构有很大的帮助。但是,企业资产负债表并不直接反映企业的财务业绩如何,也不直接反映企业是否在某一时期获取足够的利润以承担其还债的责任,并为企业的投资者增加的资产。资产负债表如表7-4所示。

表7-4 资产负债表　　　　　　　　　　　　　百万元

资　产	年初数	期末数	负债及所有者权益	年初数	期末数
流动资产:			负债:		
现金			短期负债		
应收账款			应付账款		
原材料			应交税金		
产成品			长期负债		
在制品					
流动资产合计			负债合计		
固定资产:			所有者权益:		
土地建筑原价			股东资本		
机器设备净值			以前年度利润		
在建工程			当年净利润		
固定资产合计			所有者权益合计		
资产总计			负债及所有者权益总计		

(2) 利润表

利润表是企业一定时期经营成果的计量,是总括反映企业在某一会计期间(年度、轮、月份等)内经营成果的一种财务报表。它有利于管理者了解本期取得的收入和发生的产品成本、期间费用及税金,了解盈利总水平和各项利润的形成来源及其构成。利润表实际上是一个企业在一段时间内的财务业绩(企业赚钱的能力)记录。其理论依据是:利润=收入-成本费用。利润表的基本结构据此设计,因此,利润表只是利润计算公式的表格化而已。

目前会计是一种权责发生制会计。简单地说,收入同现金收入、费用同现金支出在数额、时间上并不等同。最典型的例子就是折旧。它是一种现金流入量,但是,在会计上根据权责发生制,它却是一种费用。另外,对于赊销,按权责发生制会计是一种收入,但是却没有导致现金流入。无论如何,资产负债表和利润表都不能反映一个企业的真实现金流动状况,只有现金流量表才能反映企业的现金流量状况。利润表如表7-5所示。

表 7-5 利润表　　　　　　　　　　　　　　　　　　　百万元

项　目	去　年	今　年
一、销售收入		
减：成本		
二、毛利		
减：综合费用		
折旧		
财务净损益		
三、营业利润		
加：营业外净收益		
四、利润总额		
减：所得税		
五、净利润		

(3) 现金流量表

现金流量表是以现金为基础编制的反映企业在一定期间内由于经营、投资、筹资活动所形成的现金流量情况的会计报表，它能够在很大程度上真实地反映企业对未来资源的掌握。现金流量表揭示了企业在一定时期内创造的现金数额。同一时期的现金流入量减去现金流出量就得到了该时期的净现金流量。现金流量表告诉企业经理人，企业在满足了所有现金支出之后究竟创造了多少超额的现金。

在现金流量表上，现金收入和现金支出分为经营活动现金流量、投资活动现金流量及筹资活动现金流量。可以说，资产负债表体现公司理财的结果，而现金流量表体现公司理财的过程。企业最终必须靠持续的经营活动产生的现金流量才能维持下去。

2. 财务比率分析

财务报表中有大量的数据，可以根据需要计算出很多有意义的比率。这些比率涉及企业经营管理的各个方面。财务比率有偿债能力比率、营运能力比率和盈利能力比率。

(1) 偿债能力分析

偿债能力分析就是通过对企业资产变现能力和保障程度的分析，观察和判断企业是否具有偿还到期债务的能力及其偿债能力的强弱。它分为短期偿债能力和长期偿债能力。

① 短期偿债能力分析

这是指企业以其流动资产支付在 1 年内即将到期的流动负债的能力。

1/ 流动比率

流动比率是指企业流动资产同流动负债之间的比率关系，反映每一元流动负债有多少流动资产可以作为支付保证。其计算公式为

$$流动比率 = （流动资产 \div 流动负债） \times 100\%$$

一般情况下，流动比率越高，反映企业短期偿债能力越强，债权人的权益越有保证。

2/ 速动比率

速动资产是流动资产扣除存货等后的余额，具体包括现金及各种存款、有价证券、应收账款等。速动比率说明企业在一定时期内每一元流动负债有多少速动资产作为支付保证。

其计算公式为

$$速动比率 = (速动资产 \div 流动负债) \times 100\%$$

影响速动比率可信度的重要因素是应收账款的变现能力，如果企业的应收账款中，有较大部分不易收回，可能会成为坏账，那么速动比率就不能真实地反映企业的偿债能力。

② 长期偿债能力

这是企业以其资产或劳务支付长期债务的能力。

1/ 资产负债率

资产负债率是企业负债总额同资产总额的比率。它反映企业全部资产中负债所占的比重及企业资产对债权人的保障程度。其计算公式为

$$资产负债率 = (总负债 \div 总资产) \times 100\%$$

资产负债率是反映企业长期偿债能力强弱，衡量企业总资产中所有者权益同债权人权益的比例是否合理的重要财务指标。

2/ 产权比率

产权比率，也称负债权益比率，是指企业负债总额同所有者权益总额的比率。它是从所有者权益对长期债权保障程度的角度评价企业长期偿债能力的指标。其计算公式为

$$产权比率 = 总负债 \div 股东权益$$

该项指标反映由债权人提供的资本同股东提供的资本的相对关系，反映企业基本财务结构是否稳定。该指标同时也表明债权人投入的资本受到股东权益保障的程度，或者说是企业清算时对债权人利益的保障程度。

3/ 利息保障倍数

利息保障倍数是指企业一定时期内所获得的息税前利润同当期所支付利息费用的比率。它常被用以测定企业以所获取利润总额承担支付利息的能力。其计算公式为

$$利息保障倍数 = 息税前利润 \div 利息费用$$
$$= (净利润 + 利息费用 + 所得税费用) \div 利息费用$$

一般情况下，利息保障倍数越大，反映企业投资利润率越高，支付长期债务利息的能力越强。需要连续比较多个会计年度（一般在 5 年以上）的利息保障倍数，才能确定其偿债能力的稳定性。

4/ 长期负债同营运资金的比率

长期负债同营运资金的比率是企业长期负债同营运资金之比。其计算公式为

$$长期负债与营运资金的比率 = 长期负债 \div 营运资金$$

$$营运资金 = 流动资产 - 流动负债$$

一般情况下，长期负债不应超过营运资金。长期负债会随时间延续不断转换为流动负债，并需用流动资产来偿还。如果该指标小于或等于 1，就意味着企业的偿债能力很强。

(2) 营运能力分析

① 流动资产周转率。这是指企业流动资产在一定时期内所完成的周转额同流动资产平均占用额之间的比率关系。它反映流动资产在一定时期内的周转速度和营运能力。其计算公式为

$$流动资产周转率 = 销售收入 \div 平均流动资产余额$$

任务7　企业模拟运营战略分析

$$流动资产周转天数 = 365 \div （销售收入 \div 平均流动资产余额）$$

从上式可以看出，在销售额既定的条件下，周转速度越快，投资于流动资产的资金就越少；反之，投资于流动资产的资金就越多。

② 总资产周转率。这是企业在一定时期的销售收入对平均资产总额的比率。其计算公式为

$$总资产周转次数 = 销售收入 \div 平均资产总额$$

$$总资产周转天数 = 365 \div （销售收入 \div 平均资产总额）$$

该指标反映资产总额的周转速度。

（3）盈利能力分析

盈利能力是指企业获取利润的能力，反映出企业的财务结构状况和经营绩效，是企业偿债能力和营运能力的综合体现。它可以通过企业的总资产净利率和销售净利率等进行评价。

① 总资产净利率。这是一定时期企业净利润同平均资产总额之间的比率。其计算公式为

$$总资产净利率 = （净利润 \div 平均资产总额） \times 100\%$$

总资产净利率反映企业一定时期的平均资产总额创造净利润的能力，越高越好。总资产净利率是企业盈利能力的关键。虽然股东报酬由总资产净利率和财务杠杆共同决定，但提高财务杠杆同时会增加企业风险，且往往并不增加企业价值。此外，财务杠杆的提高有诸多限制，企业经常处于财务杠杆不可能再提高的临界状态。

② 销售净利率。这是企业净利润同销售收入的比率。其计算公式为

$$销售净利率 = （净利润 \div 销售收入） \times 100\%$$

该比率越大，企业的盈利能力越强。

3. 杜邦财务分析体系

杜邦财务分析体系是利用几种主要财务比率之间的内在联系，综合分析企业财务状况的一种方法。因为这种分析体系是美国杜邦公司首先创造并使用的，故称杜邦分析法，如图7-1所示。

用杜邦分析法可以了解到下面的财务信息。

① 从杜邦系统图中可以看出权益净利率是杜邦财务分析体系的核心，是综合性最强的一个指标，反映着企业财务管理的目标。企业财务管理的重要目标之一就是实现股东财富最大化，权益净利率正是反映了股东投入资金的获利能力。这一比率反映出企业筹资、投资和生产运营等各方面经营活动的效率。资产净利率反映企业运用资产进行生产经营活动的效率，而权益乘数则主要反映企业的筹资情况，即企业资金来源结构。

② 资产净利率是反映企业获利能力的一个重要财务比率。它揭示了企业生产经营活动的效率，综合性极强。因此，可以从企业的销售活动和资产管理两个方面来进行分析。

③ 从企业的销售方面看，销售净利率反映了企业净利润同销售收入之间的关系。一般来说，销售收入增加，企业的净利润会随之增加。但是要提高销售净利率，必须一方面提高销售收入，另一方面降低各种成本费用，这样才能使净利润的增长高于销售收入的增长，从而使销售净利率得到提高。

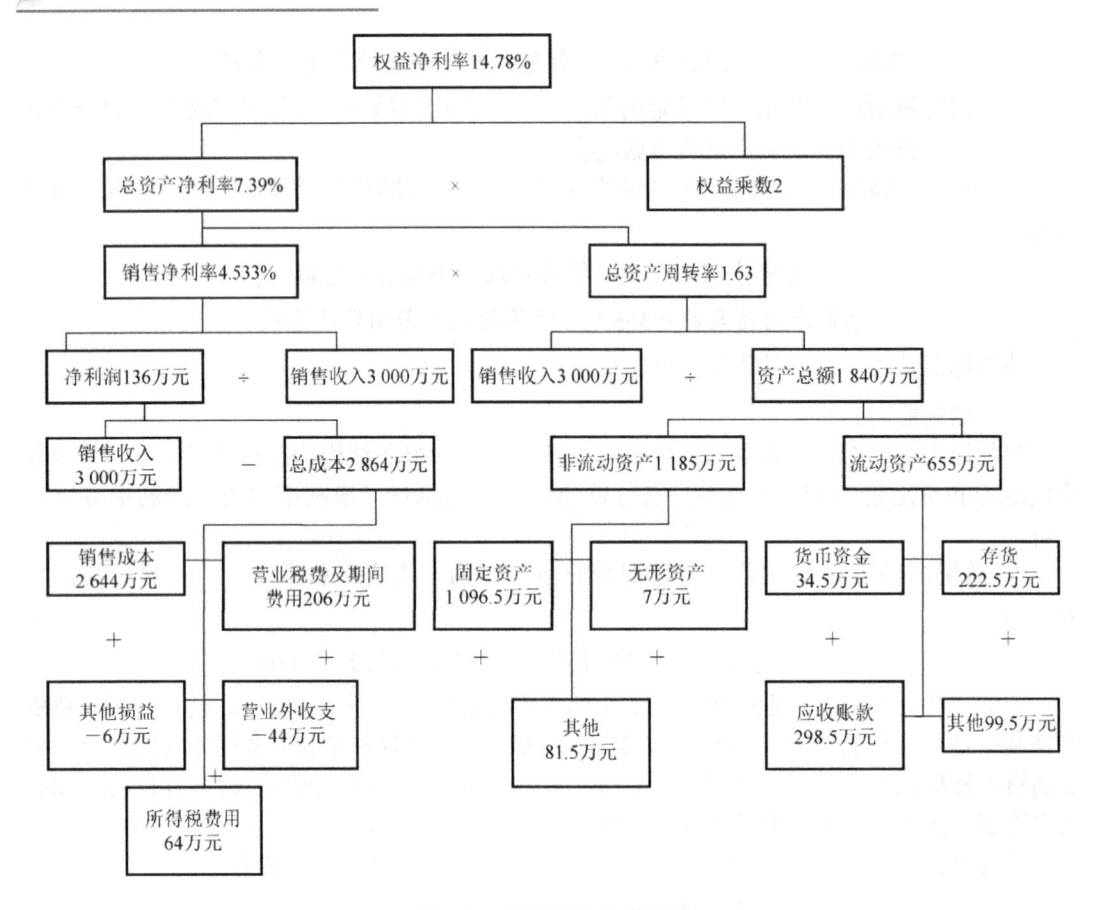

```
                    权益净利率14.78%
                           |
        ┌──────────────────┴──────────────────┐
   总资产净利率7.39%          ×            权益乘数2
        |
   ┌────┴────┐
销售净利率4.533%    ×    总资产周转率1.63
        |                      |
   ┌────┴────┐            ┌────┴────┐
净利润136万元 ÷ 销售收入3 000万元  销售收入3 000万元 ÷ 资产总额1 840万元
   |                                        |
┌──┴──┐                              ┌──────┴──────┐
销售收入  －  总成本2 864万元        非流动资产1 185万元  流动资产655万元
3 000万元
   |              |                      |                |
销售成本    营业税费及期间          固定资产    无形资产   货币资金    存货
2 644万元   费用206万元            1 096.5万元   7万元    34.5万元  222.5万元
   +              +                      +                +
其他损益    营业外收支                 其他         应收账款    其他99.5万元
－6万元      －44万元                 81.5万元     298.5万元
              +
           所得税费用
           64万元
```

图 7-1　杜邦财务分析体系

④ 在企业资产方面，主要应分析两个方面。第一，分析企业的资产结构是否合理，即流动资产和非流动资产的比例是否合理。一般来说，如果企业流动资产中货币资金所占比重过大，就应当分析企业现金持有量是否合理，有无现金闲置现象，因为过量的闲置现金会影响企业的获利能力。如果流动资产中的存货和应收账款过多，就会占用大量的资金，影响企业的资金周转。第二，结合销售收入分析企业的资产周转情况。如果企业资产周转较慢，就会占用大量资金，增加资金成本，减少企业的利润。分析资产周转情况要从分析企业总资产周转率、企业存货周转率和应收账款周转率几个方面进行，并将其周转情况和资金占用情况结合分析。

7.5　企业模拟运营整体策略示例

根据任务 4 初始盘面的设计，企业由 24M 现金、14M 应收款（2、3 期各到期 7M）、20M 短贷（第三季度到期）、2 个 M1 原材料采购订单、2 个 M1 原材料、新华厂区、4 条生产线（3 条手工线、1 条半自动线）、3 个在制品 B、3 个 B 产品组成。按照整体运营策略，制定三产品 CRS 组合策略，先研发 C、R 两种产品，第 2 年研发 S 产品，C 产品属于中间

任务 7 企业模拟运营战略分析

性产品，随着市场竞争的压力和企业对利润最大化的追求，在后期会逐渐放弃 C 产品的生产和销售。在运营中争取装满 8 条生产线，初步制定组合为 2 条柔性线（主要生产 S 产品）和 6 条全自动线（生产 R 产品）；第 6 年能够拥有 3 个厂房，能够研发所有产品；初步开发本地、区域、国内、国际市场，到第 4 年可以开发亚洲市场，第 6 年开发完毕。根据以上策略，完善生产、财务预算和分析。

第 1 年运营

重要决策

一季度	二季度	三季度	四季度	年 底
卖掉手工线 3（空），安装柔性线；研发 C、R 两种产品	继续研发 C、R 两种产品；短贷 20M	继续研发 C、R 两种产品；短贷 20M	继续研发 C、R 两种产品；卖掉手工线 1，安装全自动线（R）	开发区域、国内和国际市场；长贷 10M

现金预算表   M

项　　目	一季度	二季度	三季度	四季度
期初现金（+）	24			
变卖生产线（+）		1		1
变卖原材料/产品（+）				
变卖厂房（+）				
应收款到期（+）			7	7
支付上年应交税	3			
广告费投入	2			
贴现费用				
利息（短期贷款）			1	
支付到期短期贷款			20	
原材料采购支付现金	2			
设备改造费				
生产线投资	6	6	6	6+5
生产费用	1	1	1	2
产品研发投资	3	3	3	3
支付行政管理费用	1	1	1	1
利息（长期贷款）				
支付到期长期贷款				
设备维护费				2
租金				
购买新建筑				
市场开拓投资				3
ISO 认证投资				
其他				
现金余额	7	3	-1	-2
需要新贷款		20	20	10

ERP 沙盘模拟经营

产能预估

生产线类型	产品名称	一季度	二季度	三季度	四季度
手工线 1	B			1	
手工线 2	B	1			1
半自动线	B		1		1

生产计划与物料需求计划

产品：B　　　　　　　　　　　　　　　　　　　　　　　　　生产线类型：手工线 1

项目	去年		今年			
	三季度	四季度	一季度	二季度	三季度	四季度
产出计划					1B	
投产计划					1B	
原材料需求					1M1	
原材料采购				1M1		

产品：B　　　　　　　　　　　　　　　　　　　　　　　　　生产线类型：手工线 2

项目	去年		今年			
	三季度	四季度	一季度	二季度	三季度	四季度
产出计划			1B			
投产计划			1B			
原材料需求			1M1			
原材料采购		1M1				

产品：B　　　　　　　　　　　　　　　　　　　　　　　　　生产线类型：半自动线

项目	去年		今年			
	三季度	四季度	一季度	二季度	三季度	四季度
产出计划				1B		1B
投产计划				1B		1B
原材料需求				1M1		1M1
原材料采购			1M1		1M1	

盘面原材料库有 2 个原材料 M1 和 2 个原材料采购订单 M1。根据上表可以看出，企业第 1 年生产需要的 4 个原材料都已经具备，所以第 1 年不需要采购原材料。

根据运营流程，即任务清单，完成第 1 年运营。根据以往模拟运营情况，投放 2M 广告费，大概可以拿到一个 4 个 B 产品的订单。现金情况可以根据实际情况进行调整——完善实际资金运营情况，填写报表。

第 1 年订单

项目	1	2	3	4	5	6	合计
市场	本地						
产品名称	B						
账期/Q	2						
交货期/Q	4						
单价/M	5						

(续表)

项 目	1	2	3	4	5	6	合 计
订单数量/个	4						
订单销售额/M	20						
成本/M	8						
毛利/M	12						

第 1 年的现金流量表

M

项 目	一季度	二季度	三季度	四季度
应收款到期（+）		7	7+20	
变卖生产线（+）	1			1
变卖原材料/产品（+）				
变卖厂房（+）				
短期贷款（+）		20	20	
高利贷贷款（+）				
长期贷款（+）				
收入总计	1	27	47	1
支付上年应交税	3			
广告费	2			
贴现费用				
归还短贷及利息			21	
归还高利贷及利息				
原材料采购支付现金	2			
成品采购支付现金				
设备改造费				
生产线投资	6	6	6	11
加工费用	1	1		2
产品研发	3	3	3	3
行政管理费	1	1	1	1
长期贷款及利息				
设备维护费				2
租金				
购买新建筑				
市场开拓投资				3
ISO 认证投资				
其他				
支出总计	18	11	31	22
现金余额	7	23	39	18

第1年的财务报表

资产负债表　　　　　　　　　　　　　　　　　　　　　　　　　　　　　M

资　产	年初数	期末数	负债及所有者权益	年初数	期末数
流动资产：			负债：		
现金	24	18	短期负债	20	40
应收账款	14		应付账款	0	
原材料	2		应交税金	3	
产成品	6	8	长期负债	0	
在制品	6	4			
流动资产合计	52	30	负债合计	23	40
固定资产：			所有者权益：		
土地建筑原价	40	40	股东资本	70	70
机器设备净值	12	4	以前年度利润	4	11
在建工程	0	29	当年净利润	7	−18
固定资产合计	52	73	所有者权益合计	81	63
资产总计	104	103	负债及所有者权益总计	104	103

<table>
<tr><th colspan="2">综合管理费用明细表　　　M</th></tr>
<tr><th>项　目</th><th>金　额</th></tr>
<tr><td>行政管理费</td><td>4</td></tr>
<tr><td>广告费</td><td>2</td></tr>
<tr><td>设备维护费</td><td>2</td></tr>
<tr><td>设备改造费</td><td></td></tr>
<tr><td>租金</td><td></td></tr>
<tr><td>产品研发</td><td>12</td></tr>
<tr><td>市场开拓</td><td>3</td></tr>
<tr><td>ISO认证</td><td></td></tr>
<tr><td>其他</td><td></td></tr>
<tr><td>合　计</td><td>23</td></tr>
</table>

利润表　　　　　　　　　　M

项　目	去　年	今　年
一、销售收入		20
减：成本		8
二、毛利		12
减：综合费用		23
折旧		3
财务净损益		1
三、营业利润		−15
加：营业外净收益		−3
四、利润总额		−18
减：所得税		0
五、净利润		−18

可以看出，第1年整体主要以研发产品和更新生产线为主，所以会出现比较多的亏损。但从整体而言，所有者权益并没有降低很多。企业在第2年可贷额为120M，减去已贷款40M，可实现贷款额度为80M，资金断裂风险较小。这是一个非常典型的三产品战略，通过原材料采购计划和产能估算能够很合理地安排生产及产品结构，保障生产过程；通过现金预算和现金流量监控可以保证资金顺畅运营，争取做到贴零运营，降低营运资金成本，体现出三产品战略风险较低、利润相对较高的特点。

让我们继续来看第2年的预测及运营过程。

第 2 年运营

重要决策

一季度	二季度	三季度	四季度	年底
研发 S 产品；短贷 20M	变卖半自动线，安装柔性线；短贷 40M	全自动线生产 R；卖掉手工线 2；安装全自动线，生产 R；短贷 20M	柔性线 1 生产 C，明年生产 R；短贷 20M	开发国内、国际市场；长贷 20M

现金预算表

M

项　目	一季度	二季度	三季度	四季度
期初现金（+）	18			
变卖生产线（+）		2	1	
变卖原材料/产品（+）				
变卖厂房（+）				
应收款到期（+）				
支付上年应交税		▓	▓	▓
广告费投入	3	▓	▓	▓
贴现费用				
利息（短期贷款）		1	1	
支付到期短期贷款		20	20	
原材料采购支付现金	1	1	4	6
设备改造费				
生产线投资	5	11	11	11
生产费用	1	1	2	2
产品研发投资	4	4	2	2
支付行政管理费用	1	1	1	1
利息（长期贷款）	▓	▓	▓	▓
支付到期长期贷款	▓	▓	▓	▓
设备维护费	▓	▓	▓	4
租金	▓	▓	▓	▓
购买新建筑	▓	▓	▓	▓
市场开拓投资	▓	▓	▓	2
ISO 认证投资	▓	▓	▓	▓
其他				
现金余额	3	-14	-14	-22
需要新贷款	20	40	20	20+20

第 2 年安装好的柔性线需要生产 C 产品，所以订购 M2 原材料，需要提前一个季度。第三季度生产 R 产品，所以要提前一个季度订购 M2 和 M3 原材料。

产能预估

生产类型	产品名称	一季度	二季度	三季度	四季度
全自动线1	R				1
手工线2	B			1	
柔性线1	C		1	1	1
半自动线	B		1		

生产计划与物料需求计划

生产线类型：全自动线1

项目	去年 三季度	去年 四季度	今年 一季度	今年 二季度	今年 三季度	今年 四季度
产出计划						1R
投产计划					1R	1R
原材料需求					1M2+2M3	1M2+2M3
原材料采购			2M3	2M3+1M2	1M2+2M3	1M2+2M3

生产线类型：手工线2

项目	去年 三季度	去年 四季度	今年 一季度	今年 二季度	今年 三季度	今年 四季度
产出计划					1B	
投产计划						
原材料需求						
原材料采购						

生产线类型：柔性线1（第3年第一季度生产R）

项目	去年 三季度	去年 四季度	今年 一季度	今年 二季度	今年 三季度	今年 四季度
产出计划				1C	1C	1C
投产计划			1C	1C	1C	1R
原材料需求			1M2	1M2	1M2	1M2+2M3
原材料采购		1M2	1M2	1M2+2M3	1M2+2M3	1M2+2M3

生产线类型：半自动线

项目	去年 三季度	去年 四季度	今年 一季度	今年 二季度	今年 三季度	今年 四季度
产出计划				1B		
投产计划						
原材料需求						
原材料采购						

采购计划汇总

原材料	一季度	二季度	三季度	四季度
M2	1	1	2	2
M3			2	4

任务7 企业模拟运营战略分析

原材料采购订单汇总

项目	去年 三季度	去年 四季度	今年 一季度	今年 二季度	今年 三季度	今年 四季度
M2		1	1	2	2	2
M3			2	4	4	8

注意，第四季度8个M3的原材料订单，是由于第3年第二季度新安装好的柔性线和全自动线同时生产R产品导致4条生产线都生产R产品所致。

根据运营流程，即任务清单完成第2年运营。根据以往模拟运营情况，投放3M广告费，大概可以拿到一个3个B产品和3个C产品的订单。现金情况可以根据实际情况进行调整——完善实际资金运营情况，填写报表。

第2年订单

项目	1	2	3	4	5	6	合计
市场	本地	区域					
产品名称	C	B					
账期/Q	2	2					
交货期/Q	4	4					
单价/M	11	5					
订单数量/个	3	3					
订单销售额/M	33	15					
成本/M	12	6					
毛利/M	21	9					

第2年的现金流量表　　　　　　　　　　　　　　　　　　　　　　　　　　M

项目	一季度	二季度	三季度	四季度
应收款到期（+）			15	
变卖生产线（+）		2	1	
变卖原材料/产品（+）				
变卖厂房（+）				
短期贷款（+）	20	40		40
高利贷贷款（+）				
长期贷款（+）				20
收入总计	20	42	16	60
支付上年应交税				
广告费	3			
贴现费用				
归还短贷及利息		21	21	
归还高利贷及利息				
原材料采购支付现金	1	1	4	6
成品采购支付现金				
设备改造费				
生产线投资	5	11	11	11
加工费用	1	1	2	2
产品研发	4	4	2	2

(续表)

项　　目	一季度	二季度	三季度	四季度
行政管理费	1	1	1	1
长期贷款及利息				
设备维护费				4
租金				
购买新建筑				
市场开拓投资				2
ISO 认证投资				
其他				
支出总计	15	39	41	28
现金余额	23	26	1	33

第 2 年的财务报表

资产负债表　　　　　　　　　　　　　　　　　　　　　M

资　　产	年初数	期末数	负债及所有者权益	年初数	期末数
流动资产：			负债：		
现金	18	33	短期负债	40	100
应收账款		33	应付账款		
原材料			应交税金		1
产成品	8	4	长期负债		20
在制品	4	8			
流动资产合计	30	78	负债合计	40	121
固定资产：			所有者权益：		
土地建筑原价	40	40	股东资本	70	70
机器设备净值	4	39	以前年度利润	11	-7
在建工程	29	28	当年净利润	-18	1
固定资产合计	73	107	所有者权益合计	63	64
资产总计	103	185	负债及所有者权益总计	103	185

综合管理费用明细表　　M

项　　目	金　额
行政管理费	4
广告费	3
设备维护费	4
设备改造费	
租金	
产品研发	12
市场开拓	2
ISO 认证	
其他	
合　　计	25

利润表　　M

项　　目	去　年	今　年
一、销售收入		48
减：成本		18
二、毛利		30
减：综合费用		25
折旧		
财务净损益		2
三、营业利润		3
加：营业外净收益		-1
四、利润总额		2
减：所得税		1
五、净利润		1

任务7 企业模拟运营战略分析

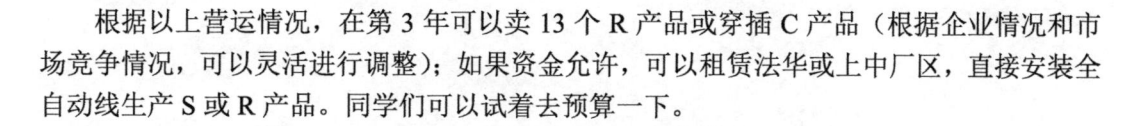

根据以上营运情况，在第3年可以卖13个R产品或穿插C产品（根据企业情况和市场竞争情况，可以灵活进行调整）；如果资金允许，可以租赁法华或上中厂区，直接安装全自动线生产S或R产品。同学们可以试着去预算一下。

> **小结**：学会战略后，在实战中灵活运用，
> 会有意想不到的收获。谋定而后动，制胜关键！

技能训练

实训项目

按照上述第1年和第2年策略完成企业3至6年的运营并完成运算、产能估算、采购计划和填制报表。

实训目标和要求

企业新管理层在接手企业之后，根据企业目前生产经营状况，制定出三产品战略且运营了两个年度。如何完成3至6个年度的运营？能否盈利？企业资金是否足够？这些都需要同学们实际演练、计算并提前预支。要求同学们能够完成以后年度每一年的预算、产能估算，评价此战略是否能够生存，并且给企业带来多少利润。

完成效果

企业管理者能够根据企业整体情况制定策略，完成3至6个年度的整体业务；教师进行排名评价，各小组总结经验教训。

任务 8

企业模拟运营技巧

知识目标

1. 掌握广告费及抢单技巧。
2. 掌握生产规划技巧。
3. 掌握财务技巧。
4. 掌握产品研发技巧。

技能目标

1. 能灵活运用抢单技巧。
2. 能灵活运用生产线投资规划技巧。
3. 能正确进行财务预算和使用融资技巧。
4. 能熟练运用产品研发技巧。

任务描述

新管理层想在竞争中战无不胜,立于不败之地,就要认真分析,刻苦钻研,灵活运用各种技巧,以实现人生最高境界。

任务 8　企业模拟运营技巧

> 学习流程

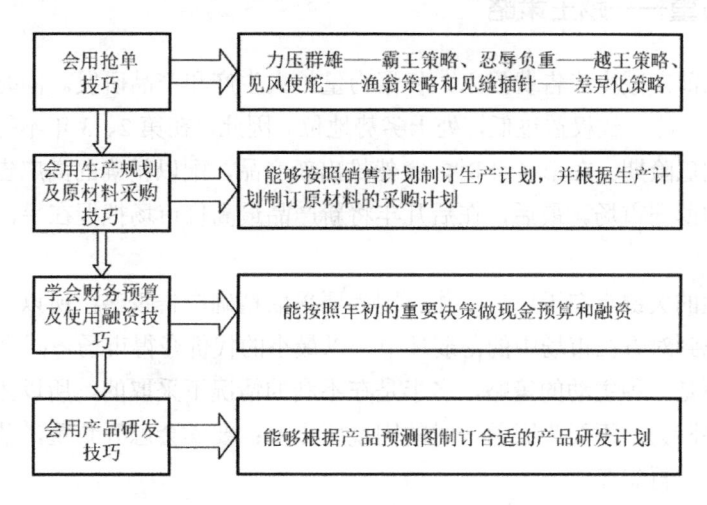

```
会用抢单技巧 → 力压群雄——霸王策略、忍辱负重——越王策略、
                见风使舵——渔翁策略和见缝插针——差异化策略
       ↓
会用生产规划及原材料采购技巧 → 能够按照销售计划制订生产计划，并根据生产
                              计划制订原材料的采购计划
       ↓
学会财务预算及使用融资技巧 → 能按照年初的重要决策做现金预算和融资
       ↓
会用产品研发技巧 → 能够根据产品预测图制订合适的产品研发计划
```

8.1　广告费及抢单技巧

取得销售订单，按时完成生产，按订单交货，是 ERP 沙盘模拟经营中企业取得收入、实现利润的唯一途径。因此，是否可以抢到足够多的优质订单，是企业经营成败的关键。而取得订单的顺序是：每个细分市场上一年该产品销量第一的龙头企业下一年可以优先取得一张订单。除此之外，其他企业取得订单的顺序按广告费投入多少的顺序进行排队，广告费投入多的可以先抢订单。

那么，如何投入广告费就成为每一年运营计划中关键性的一步。投入广告费及抢订单在不同的经营策略下有不同的技巧。归纳一下，主要有几种：力压群雄——霸王策略、忍辱负重——越王策略、见风使舵——渔翁策略和见缝插针——差异化策略。

8.1.1　力压群雄——霸王策略

此策略是在开赛初就以高广告费策略夺取本地市场老大地位，并随着产品开发的节奏成功实现主流产品过渡，后期继续用高广告费策略争夺主导产品最高价市场的老大地位，在竞争中始终保持主流产品销售量和综合销售量第一。

采取此策略的团队要有相当大的魄力，敢于破釜沉舟，因而谨小慎微者不宜采用。此策略的劣势在于如果资金或广告在某一环节出现失误，会使企业陷于十分艰难的处境，而且前期的高投入会给企业造成很大的还款压力，可能导致企业走向破产。因此，此策略风险很高，对整个团队成员的个人专业能力和团队协作能力要求都很高。

8.1.2 忍辱负重——越王策略

此策略是在前期减少广告费投入，积聚力量扩大生产和产品研发。同时，由于期初广告费投入较少，可能导致权益过低，处于劣势地位。因此，在第 2、3 年不得不靠基础产品维持生计，渡过危险期。在第 4 年时，突然推出新产品，配以精确的高广告费策略，出其不意攻占对手的薄弱市场。最后，在后几年将新产品最高价市场把握在手，最终超越竞争对手。

此策略制胜的关键点在于广告运作，因为要采取精确广告策略，所以一定要仔细分析对手的情况，找到对方在市场中的薄弱环节，以最小的代价夺得市场，减少成本。

越王策略不是一种主动的策略，多半是在不利的情况下采取的，所以团队成员要有很强的忍耐力和决断力，不要为眼前一时的困境所压倒；要学会忍辱负重，节约开支，降低成本，先图生存，再想夺占。

8.1.3 见风使舵——渔翁策略

当市场上有两家实力相当的企业争夺第一时，可以采用渔翁策略。首先在产能上要努力跟随前两者的开发节奏，同时内部努力降低成本，在每次新市场开辟时均采用低广告费策略，规避风险，稳健经营，在双方两败俱伤时立即占领市场。

此策略的关键是：第一，在于一个稳字，即经营过程中一切按部就班，广告投入、产能扩大都是循序渐进，逐步实现，稳扎稳打；第二，要利用好时机，时机稍纵即逝，一定要密切关注，仔细研究、分析对手。

渔翁策略在比赛中是常见的，但要成功一定要做好充分准备，只有这样才能在机会来临时一下抓住，从而使对手无法超越。

8.1.4 见缝插针——差异化策略

差异化策略，指的是在企业经营过程中，尽量避免广告费的投入同其他企业形成恶性竞争，而是配合自己的生产能力，主要在某些产品的空白市场或竞争不是很激烈的市场投广告费，争取以最低的广告成本获取最多的有利订单。此策略的关键是，关注并研究竞争对手的广告策略，寻找空白市场，然后利用最低的广告投入取得最多的订单。

该策略看上去似乎比较被动，但是，如果做不到在一开始就力压群雄，一直占领市场的主动权，该策略不失为一种有效的策略。价格高的市场大家都去竞争，不仅广告费成本高，而且如果竞争太激烈，很有可能拿不到订单或只拿到很少的订单。这时，不妨采用此策略，不仅成本低，而且可以拿到比较多的订单，薄利多销，最终取胜。

8.2 生产规划及原材料采购技巧

生产规划是企业在模拟经营中取胜的基础，只有生产规划合理，产能充足，企业才能够积攒一切力量取得订单，不用担心不能按时交货，缴纳违约金。生产总监在每一年运营之前必须做好产能预算，产能预算需要结合企业生产线开发计划和市场销售计划进行。生产规划要在经营之初明确企业拥有何种生产线，投资什么样的生产线，何时生产，每种生产线生产什么产品，生产多少个产品。需要注意的是，生产线主要投资在全自动线和柔性线，半自动线可适当保留一条，而不再开发手工线。在投资安装全自动线时一定要注意生产什么产品，否则会产生转产费用。综合考虑，生产线的投入有几点技巧：为使少计提折旧、降低成本，可以选择生产线在某年第一季度建成；投入生产新产品时，最好使生产线的建成和产品的研发在同一时间完成；最好不要转产。

原材料的采购需根据主生产计划制订物料需求计划。在制订采购计划时必须明确采购何种原材料，即 M1、M2、M3、M4，以及每种原材料库存有多少，采购数量是多少。同时，注意每种原材料的订货提前期和经济订货批量。

8.3 财务技巧

财务贯穿整个企业模拟运营的全过程。在整个企业模拟运营的过程中，涉及的财务技巧主要包括现金的预算、筹资的结构及时机、广告费的投入，以及最终 3 张报表的编制，包括综合费用的计算、资产负债表及利润表的编制。

首先，现金的预算。企业运营之初就可以先制定一个整体的发展战略规划，而每一年运营之前必须先进行尽量精确的现金预算。现金预算是在企业其他计划确定的情况下编制的。现金预算应具体到每一个季度——根据企业的生产销售计划，预计未来一年每一季度企业现金的收支状况，提前调节现金余缺，进行现金平衡，防止企业现金断流，影响企业生产持续进行，甚至导致企业破产。

其次，筹资的结构和时机。因为按照运营规则，企业所有贷款的总额不得超过所有者权益的 2 倍，而接手运营企业的前一两年企业很难赚钱，所以所有者权益会越来越低。为避免第 2、3 年因所有者权益太低无法继续取得贷款，第 1 年就可以尽量多地申请贷款。贷款可以长短期结合：长贷用于生产线投资和产品研发；短贷用于维护生产和生产周转。这样，既可以在一定程度上降低企业财务费用，又能够缓解企业以后年度还款的财务压力。不提倡借高利贷——不到万不得已不要借高利贷。

广告费的投入在前面已经进行了比较详细的讲解，不再赘述。只是，在前几年扩张的过程中，每一年年末时都要特别注意一下留存的现金，要保证年末留存现金足以支付下年的广告费。如果不够，则要立即贴现，留够下年的广告费，再做报表。

最后，每年年末要提交 3 张报表。3 张报表编制的顺序一般是：首先，认真计算并填写综合管理费用明细表；其次，编制利润表。利润表的编制要特别注意几个问题：第一，同一产品由不同生产线生产的，可能加工费用不同，销售成本就不相同；第二，企业之间销售产品的，收入的确认和成本的结转同按订单交货是一样的，即将取得的收入计入销售收入，按产品生产成本确认销售成本；第三，财务净损益既包括利息也包括贴现费用，利息既包括短期贷款还本付息时支付的利息，也包括期末未归还的长期贷款支付的利息；第四，营业外净损益一般不常发生，可能涉及的主要是没有按期交货的罚款。最后，编制资产负债表。资产负债表通过盘点年末盘面的实物来填写。如果出现资产负债表不平的情况，先回过去检查综合管理费用明细表，然后检查利润表。如果还未找出原因，可以结合去年年末和本年每一季度末的状态登记来检查年末的盘面是否正确，再重新核对填列资产负债表。

8.4 产品研发技巧

企业想得到好的发展，不应该局限于生产单一的产品，而需要不断研发新的产品。在产品研发投资上，应在预算允许的前提下研发多种产品，而且要尽早研发。产品的研发尽量同生产线的开发投资相匹配，当准备生产新产品时，生产线的投资最好同该产品的研发同步完成。这样既不耽误生产的及时进行，又不会过早占用企业资金。

要做到前几年权益减少得小，同时生产线跟上，保证产能，最后在比赛中取得优异成绩。

> 小结：学会策略后，在实战中灵活运用，能取得意想不到的收获。
> 谋定而后动，是制胜的关键！

技能训练

实训项目

请各管理团队认真讨论、研究产品研发、市场开发、生产线投资、原材料的采购和融资技巧。

实训目标和要求

企业新管理层走马上任掌管企业后，为实现股东期望和个人价值，战胜竞争对手，就需要各成员分工合作，共同探讨产品研发、市场开发、生产线投资、原材料采购和融资技巧并能熟练运用。

完成效果

根据企业每年的经营状况、战略决策和竞争对手的情况，灵活运用、实时调整，打造成行业老大。

附录

ERP 沙盘演练手册

竞单表

年 度	市场类别	Beryl	Crystal	Ruby	Sapphire	ISO9000	ISO14000
第1年	本地						
	区域						
	国内						
	亚洲						
	国际						
第2年	本地						
	区域						
	国内						
	亚洲						
	国际						
第3年	本地						
	区域						
	国内						
	亚洲						
	国际						
第4年	本地						
	区域						
	国内						
	亚洲						
	国际						
第5年	本地						
	区域						
	国内						
	亚洲						
	国际						
第6年	本地						
	区域						
	国内						
	亚洲						
	国际						

年度	市场类别	Beryl	Crystal	Ruby	Sapphire	年度	市场类别	Beryl	Crystal	Ruby	Sapphire
第1年	本地					第4年	本地				
	区域						区域				
	国内						国内				
	亚洲						亚洲				
	国际						国际				
第2年	本地					第5年	本地				
	区域						区域				
	国内						国内				
	亚洲						亚洲				
	国际						国际				
第3年	本地					第6年	本地				
	区域						区域				
	国内						国内				
	亚洲						亚洲				
	国际						国际				

第1年

重要决策

一季度	二季度	三季度	四季度	年 底

现金预算表

项 目	一季度	二季度	三季度	四季度
期初现金（+）				
变卖生产线（+）				
变卖原材料/产品（+）				
变卖厂房（+）				
应收款到期（+）				
支付上年应交税				
广告费投入				
贴现费用				
利息（短期贷款）				
支付到期短期贷款				
原材料采购支付现金				
设备改造费				
生产线投资				
生产费用				
产品研发投资				

(续表)

项 目	一季度	二季度	三季度	四季度
支付行政管理费用				
利息（长期贷款）	▓▓▓	▓▓▓	▓▓▓	
支付到期长期贷款	▓▓▓	▓▓▓	▓▓▓	
设备维护费	▓▓▓	▓▓▓	▓▓▓	
租金	▓▓▓	▓▓▓	▓▓▓	
购买新建筑	▓▓▓	▓▓▓	▓▓▓	
市场开拓投资	▓▓▓	▓▓▓	▓▓▓	
ISO 认证投资	▓▓▓	▓▓▓	▓▓▓	
其他				
现金余额				
需要新贷款				

产能预估

生产线类型	产品名称	一季度	二季度	三季度	四季度
生产线 1					
生产线 2					

生产计划与物料需求计划

产品：　　　　　　　　　　　　　　　　　　　　生产线类型：

项 目	去 年				今 年			
	一季度	二季度	三季度	四季度	一季度	二季度	三季度	四季度
产出计划								
投产计划								
原材料需求								
原材料采购								

产品：　　　　　　　　　　　　　　　　　　　　生产线类型：

项 目	去 年				今 年			
	一季度	二季度	三季度	四季度	一季度	二季度	三季度	四季度
产出计划								
投产计划								
原材料需求								
原材料采购								

产品：　　　　　　　　　　　　　　　　　　　　生产线类型：

项 目	去 年				今 年			
	一季度	二季度	三季度	四季度	一季度	二季度	三季度	四季度
产出计划								
投产计划								
原材料需求								
原材料采购								

产品：　　　　　　　　　　　　　　　　　　　　　　　生产线类型：

项　目	去　年				今　年			
	一季度	二季度	三季度	四季度	一季度	二季度	三季度	四季度
产出计划								
投产计划								
原材料需求								
原材料采购								

采购计划汇总

原　材　料	一季度	二季度	三季度	四季度
M1				
M2				

任务清单

每年年初：（根据提示，完成部分打钩）
（1）研究商业新闻　　　　　　　　　　　□
（2）支付应付税（根据上年度结果）　　　□
（3）支付广告费　　　　　　　　　　　　□
（4）登记销售订单　　　　　　　　　　　□

每个季度：　　　　　　　　　　　一季度　二季度　三季度　四季度
（1）申请短期贷款/更新短期贷款/还本付息　□　□　□　□
（2）更新应付款/归还应付款　　　　　　　□　□　□　□
（3）更新原材料订单/原材料入库　　　　　□　□　□　□
（4）下原材料订单　　　　　　　　　　　□　□　□　□
（5）更新生产/完工入库　　　　　　　　　□　□　□　□
（6）厂房租售处理　　　　　　　　　　　□　□　□　□
（7）投资新生产线/生产线改造/变卖生产线　□　□　□　□
（8）向其他企业购买原材料/出售原材料　　□　□　□　□
（9）开始下一批生产　　　　　　　　　　□　□　□　□
（10）更新应收款/应收款收现　　　　　　□　□　□　□
（11）产品研发投资　　　　　　　　　　□　□　□　□
（12）按订单交货　　　　　　　　　　　□　□　□　□
（13）支付行政管理费用　　　　　　　　□　□　□　□
（14）季末现金对账　　　　　　　　　　□　□　□　□

每年年末：
（1）申请长期贷款/更新长期贷款/支付利息　　□
（2）支付设备维护费　　　　　　　　　　　　□
（3）支付租金/购买厂房　　　　　　　　　　□
（4）计提折旧　　　　　　　　　　　　　　　□
（5）新市场开拓投资/ISO 资格认证投资　　　　□
（6）关账　　　　　　　　　　　　　　　　　□

附录 ERP沙盘演练手册

第1年订单

项 目	1	2	3	4	5	6	合 计
市场							
产品名称							
账期/Q							
交货期/Q							
单价/M							
订单数量/个							
订单销售额/M							
成本/M							
毛利/M							

第1年的现金流量表

M

项 目	一季度	二季度	三季度	四季度
应收款到期（+）				
变卖生产线（+）				
变卖原材料/产品（+）				
变卖厂房（+）				
短期贷款（+）				
高利贷贷款（+）				
长期贷款（+）				
收入总计				
支付上年应交税				
广告费				
贴现费用				
归还短贷及利息				
归还高利贷及利息				
原材料采购支付现金				
成品采购支付现金				
设备改造费				
生产线投资				
加工费用				
产品研发				
行政管理费				
长期贷款及利息				
设备维护费				
租金				
购买新建筑				
市场开拓投资				
ISO认证投资				
其他				
支出总计				
现金余额				

第1年的财务报表

资产负债表　　　　　　　　　　　　　　　　　　　　　　　　　　　　　M

资　产	年初数	期末数	负债及所有者权益	年初数	期末数
流动资产：			负债：		
现金			短期负债		
应收账款			应付账款		
原材料			应交税金		
产成品			长期负债		
在制品					
流动资产合计			负债合计		
固定资产：			所有者权益：		
土地建筑原价			股东资本		
机器设备净值			以前年度利润		
在建工程			当年净利润		
固定资产合计			所有者权益合计		
资产总计			负债及所有者权益总计		

综合管理费用明细表　　M

项　目	金　额
行政管理费	
广告费	
设备维护费	
设备改造费	
租金	
产品研发	
市场开拓	
ISO认证	
其他	
合　计	

利润表　　M

项　目	去　年	今　年
一、销售收入		
减：成本		
二、毛利		
减：综合费用		
折旧		
财务净损益		
三、营业利润		
加：营业外净收益		
四、利润总额		
减：所得税		
五、净利润		

第2年

重要决策

一季度	二季度	三季度	四季度	年　底

现金预算表　　　　　　　　　　　　　　　　　　　　M

项　目	一季度	二季度	三季度	四季度
期初现金（+）				
变卖生产线（+）				
变卖原材料/产品（+）				
变卖厂房（+）				
应收款到期（+）				
支付上年应交税				
广告费投入				
贴现费用				
利息（短期贷款）				
支付到期短期贷款				
原材料采购支付现金				
设备改造费				
生产线投资				
生产费用				
产品研发投资				
支付行政管理费用				
利息（长期贷款）				
支付到期长期贷款				
设备维护费				
租金				
购买新建筑				
市场开拓投资				
ISO 认证投资				
其他				
现金余额				
需要新贷款				

产能预估

生产线类型	产品名称	一季度	二季度	三季度	四季度
生产线 1					
生产线 2					
生产线 3					
生产线 4					
生产线 5					
生产线 6					
生产线 7					
生产线 8					

生产计划与物料需求计划

产品：　　　　　　　　　　　　　　　　　　　　　　　生产线类型：

项　目	去　年				今　年			
	一季度	二季度	三季度	四季度	一季度	二季度	三季度	四季度
产出计划								
投产计划								
原材料需求								
原材料采购								

产品：　　　　　　　　　　　　　　　　　　　　　　　生产线类型：

项　目	去　年				今　年			
	一季度	二季度	三季度	四季度	一季度	二季度	三季度	四季度
产出计划								
投产计划								
原材料需求								
原材料采购								

产品：　　　　　　　　　　　　　　　　　　　　　　　生产线类型：

项　目	去　年				今　年			
	一季度	二季度	三季度	四季度	一季度	二季度	三季度	四季度
产出计划								
投产计划								
原材料需求								
原材料采购								

产品：　　　　　　　　　　　　　　　　　　　　　　　生产线类型：

项　目	去　年				今　年			
	一季度	二季度	三季度	四季度	一季度	二季度	三季度	四季度
产出计划								
投产计划								
原材料需求								
原材料采购								

产品：　　　　　　　　　　　　　　　　　　　　　　　生产线类型：

项　目	去　年				今　年			
	一季度	二季度	三季度	四季度	一季度	二季度	三季度	四季度
产出计划								
投产计划								
原材料需求								
原材料采购								

采购计划汇总

原 材 料	一季度	二季度	三季度	四季度
M1				
M2				
M3				
M4				

任务清单

每年年初：（根据提示，完成部分打钩）
（1）研究商业新闻　　　　　　　　　　□
（2）支付应付税（根据上年度结果）　　□
（3）支付广告费　　　　　　　　　　　□
（4）登记销售订单　　　　　　　　　　□

每个季度：	一季度	二季度	三季度	四季度
（1）申请短期贷款/更新短期贷款/还本付息	□	□	□	□
（2）更新应付款/归还应付款	□	□	□	□
（3）更新原材料订单/原材料入库	□	□	□	□
（4）下原材料订单	□	□	□	□
（5）更新生产/完工入库	□	□	□	□
（6）厂房租售处理	□	□	□	□
（7）投资新生产线/生产线改造/变卖生产线	□	□	□	□
（8）向其他企业购买原材料/出售原材料	□	□	□	□
（9）开始下一批生产	□	□	□	□
（10）更新应收款/应收款收现	□	□	□	□
（11）产品研发投资	□	□	□	□
（12）按订单交货	□	□	□	□
（13）支付行政管理费用	□	□	□	□
（14）季末现金对账	□	□	□	□

每年年末：
（1）申请长期贷款/更新长期贷款/支付利息　　□
（2）支付设备维护费　　　　　　　　　　　　□
（3）支付租金/购买厂房　　　　　　　　　　　□
（4）计提折旧　　　　　　　　　　　　　　　□
（5）新市场开拓投资/ISO 资格认证投资　　　　□
（6）关账　　　　　　　　　　　　　　　　　□

ERP 沙盘模拟经营

第 2 年订单

项　目	1	2	3	4	5	6	合　计
市场							
产品名称							
账期/Q							
交货期/Q							
单价/M							
订单数量/个							
订单销售额/M							
成本/M							
毛利/M							

第 2 年的现金流量表

M

项　目	一季度	二季度	三季度	四季度
应收款到期（+）				
变卖生产线（+）				
变卖原材料/产品（+）				
变卖厂房（+）				
短期贷款（+）				
高利贷贷款（+）				
长期贷款（+）				
收入总计				
支付上年应交税				
广告费				
贴现费用				
归还短贷及利息				
归还高利贷及利息				
原材料采购支付现金				
成品采购支付现金				
设备改造费				
生产线投资				
加工费用				
产品研发				
行政管理费				
长期贷款及利息				
设备维护费				
租金				
购买新建筑				
市场开拓投资				
ISO 认证投资				
其他				
支出总计				
现金余额				

第2年的财务报表

资产负债表　　　　　　　　　　　　　　　　　　　　　　　　　　M

资　　产	年初数	期末数	负债及所有者权益	年初数	期末数
流动资产：			负债：		
现金			短期负债		
应收账款			应付账款		
原材料			应交税金		
产成品			长期负债		
在制品					
流动资产合计			负债合计		
固定资产：			所有者权益：		
土地建筑原价			股东资本		
机器设备净值			以前年度利润		
在建工程			当年净利润		
固定资产合计			所有者权益合计		
资产总计			负债及所有者权益总计		

综合管理费用明细表　　M

项　目	金　额
行政管理费	
广告费	
设备维护费	
设备改造费	
租金	
产品研发	
市场开拓	
ISO认证	
其他	
合　　计	

利润表　　　　　　　　　　M

项　目	去　年	今　年
一、销售收入		
减：成本		
二、毛利		
减：综合费用		
折旧		
财务净损益		
三、营业利润		
加：营业外净收益		
四、利润总额		
减：所得税		
五、净利润		

第3年

重要决策

一季度	二季度	三季度	四季度	年　底

现金预算表　　　　　　　　　　　　　　　　　　　　M

项　目	一季度	二季度	三季度	四季度
期初现金（+）				
变卖生产线（+）				
变卖原材料/产品（+）				
变卖厂房（+）				
应收款到期（+）				
支付上年应交税				
广告费投入				
贴现费用				
利息（短期贷款）				
支付到期短期贷款				
原材料采购支付现金				
设备改造费				
生产线投资				
生产费用				
产品研发投资				
支付行政管理费用				
利息（长期贷款）				
支付到期长期贷款				
设备维护费用				
租金				
购买新建筑				
市场开拓投资				
ISO 认证投资				
其他				
现金余额				
需要新贷款				

产能预估

生产线类型	产品名称	一季度	二季度	三季度	四季度
生产线 1					
生产线 2					
生产线 3					
生产线 4					
生产线 5					
生产线 6					
生产线 7					
生产线 8					

生产计划与物料需求计划

产品：　　　　　　　　　　　　　　　　　　　生产线类型：

项　目	去　年				今　年			
	一季度	二季度	三季度	四季度	一季度	二季度	三季度	四季度
产出计划								
投产计划								
原材料需求								
原材料采购								

产品：　　　　　　　　　　　　　　　　　　　生产线类型：

项　目	去　年				今　年			
	一季度	二季度	三季度	四季度	一季度	二季度	三季度	四季度
产出计划								
投产计划								
原材料需求								
原材料采购								

产品：　　　　　　　　　　　　　　　　　　　生产线类型：

项　目	去　年				今　年			
	一季度	二季度	三季度	四季度	一季度	二季度	三季度	四季度
产出计划								
投产计划								
原材料需求								
原材料采购								

产品：　　　　　　　　　　　　　　　　　　　生产线类型：

项　目	去　年				今　年			
	一季度	二季度	三季度	四季度	一季度	二季度	三季度	四季度
产出计划								
投产计划								
原材料需求								
原材料采购								

产品：　　　　　　　　　　　　　　　　　　　生产线类型：

项　目	去　年				今　年			
	一季度	二季度	三季度	四季度	一季度	二季度	三季度	四季度
产出计划								
投产计划								
原材料需求								
原材料采购								

ERP 沙盘模拟经营

采购计划汇总

原 材 料	一季度	二季度	三季度	四季度
M1				
M2				
M3				
M4				

任务清单

每年年初：（根据提示，完成部分打钩）

（1）研究商业新闻　　　　　　　　　□

（2）支付应付税（根据上年度结果）　□

（3）支付广告费　　　　　　　　　　□

（4）登记销售订单　　　　　　　　　□

每个季度：	一季度	二季度	三季度	四季度
（1）申请短期贷款/更新短期贷款/还本付息	□	□	□	□
（2）更新应付款/归还应付款	□	□	□	□
（3）更新原材料订单/原材料入库	□	□	□	□
（4）下原材料订单	□	□	□	□
（5）更新生产/完工入库	□	□	□	□
（6）厂房租售处理	□	□	□	□
（7）投资新生产线/生产线改造/变卖生产线	□	□	□	□
（8）向其他企业购买原材料/出售原材料	□	□	□	□
（9）开始下一批生产	□	□	□	□
（10）更新应收款/应收款收现	□	□	□	□
（11）产品研发投资	□	□	□	□
（12）按订单交货	□	□	□	□
（13）支付行政管理费用	□	□	□	□
（14）季末现金对账	□	□	□	□

每年年末：

（1）申请长期贷款/更新长期贷款/支付利息　　□

（2）支付设备维护费　　　　　　　　　　　　□

（3）支付租金/购买厂房　　　　　　　　　　　□

（4）计提折旧　　　　　　　　　　　　　　　□

（5）新市场开拓投资/ISO 资格认证投资　　　　□

（6）关账　　　　　　　　　　　　　　　　　□

第3年订单

项　目	1	2	3	4	5	6	合　计
市场							
产品名称							
账期/Q							
交货期/Q							
单价/M							
订单数量/个							
订单销售额/M							
成本/M							
毛利/M							

第3年的现金流量表

项　目	一季度	二季度	三季度	四季度
应收款到期（+）				
变卖生产线（+）				
变卖原材料/产品（+）				
变卖厂房（+）				
短期贷款（+）				
高利贷贷款（+）				
长期贷款（+）				
收入总计				
支付上年应交税				
广告费				
贴现费用				
归还短贷及利息				
归还高利贷及利息				
原材料采购支付现金				
成品采购支付现金				
设备改造费				
生产线投资				
加工费用				
产品研发				
行政管理费				
长期贷款及利息				
设备维护费				
租金				
购买新建筑				
市场开拓投资				
ISO认证投资				
其他				
支出总计				
现金余额				

第 3 年的财务报表

资产负债表　　　　　　　　　　　　　　　　　　　　　　M

资　产	年初数	期末数	负债及所有者权益	年初数	期末数
流动资产：			负债：		
现金			短期负债		
应收账款			应付账款		
原材料			应交税金		
产成品			长期负债		
在制品					
流动资产合计			负债合计		
固定资产：			所有者权益：		
土地建筑原价			股东资本		
机器设备净值			以前年度利润		
在建工程			当年净利润		
固定资产合计			所有者权益合计		
资产总计			负债及所有者权益总计		

综合管理费用明细表　　M

项　目	金　额
行政管理费	
广告费	
设备维护费	
设备改造费	
租金	
产品研发	
市场开拓	
ISO 认证	
其他	
合　计	

利润表　　　　　　　　M

项　目	去　年	今　年
一、销售收入		
减：成本		
二、毛利		
减：综合费用		
折旧		
财务净损益		
三、营业利润		
加：营业外净收益		
四、利润总额		
减：所得税		
五、净利润		

资产结构：

负债：所有者权益＝

融资渠道：

_____

_____

投资的生产线的回收年数：

设备初始投资：_____

设备产生年收入：_____

设备经济寿命周期：_____

每年支付：_____

回收期：_____

第4年

重要决策

一季度	二季度	三季度	四季度	年　底

现金预算表　　　　　　　　　　　　　　　　　　　　　　M

项　　目	一季度	二季度	三季度	四季度
期初现金（+）				
变卖生产线（+）				
变卖原材料/产品（+）				
变卖厂房（+）				
应收款到期（+）				
支付上年应交税		▓	▓	▓
广告费投入		▓	▓	▓
贴现费用				
利息（短期贷款）				
支付到期短期贷款				
原材料采购支付现金				
设备改造费				
生产线投资				
生产费用				
产品研发投资				
支付行政管理费用				
利息（长期贷款）	▓	▓	▓	
支付到期长期贷款	▓	▓	▓	
设备维护费	▓	▓	▓	
租金	▓	▓	▓	
购买新建筑	▓	▓	▓	
市场开拓投资	▓	▓	▓	
ISO 认证投资	▓	▓	▓	
其他				
现金余额				
需要新贷款				

产能预估

生产线类型	产品名称	一季度	二季度	三季度	四季度
生产线 1					
生产线 2					
生产线 3					
生产线 4					
生产线 5					
生产线 6					
生产线 7					
生产线 8					

生产计划与物料需求计划

产品： 　　　　　　　　　　　　　　　生产线类型：

项目	去年				今年			
	一季度	二季度	三季度	四季度	一季度	二季度	三季度	四季度
产出计划								
投产计划								
原材料需求								
原材料采购								

产品： 　　　　　　　　　　　　　　　生产线类型：

项目	去年				今年			
	一季度	二季度	三季度	四季度	一季度	二季度	三季度	四季度
产出计划								
投产计划								
原材料需求								
原材料采购								

产品： 　　　　　　　　　　　　　　　生产线类型：

项目	去年				今年			
	一季度	二季度	三季度	四季度	一季度	二季度	三季度	四季度
产出计划								
投产计划								
原材料需求								
原材料采购								

产品： 　　　　　　　　　　　　　　　生产线类型：

项目	去年				今年			
	一季度	二季度	三季度	四季度	一季度	二季度	三季度	四季度
产出计划								
投产计划								
原材料需求								
原材料采购								

产品：   生产线类型：

项 目	去 年				今 年			
	一季度	二季度	三季度	四季度	一季度	二季度	三季度	四季度
产出计划								
投产计划								
原材料需求								
原材料采购								

采购计划汇总

原 材 料	一季度	二季度	三季度	四季度
M1				
M2				
M3				
M4				

任务清单

每年年初：（根据提示，完成部分打钩）
（1）研究商业新闻   □
（2）支付应付税（根据上年度结果）   □
（3）支付广告费   □
（4）登记销售订单   □

每个季度：	一季度	二季度	三季度	四季度
（1）申请短期贷款/更新短期贷款/还本付息	□	□	□	□
（2）更新应付款/归还应付款	□	□	□	□
（3）更新原材料订单/原材料入库	□	□	□	□
（4）下原材料订单	□	□	□	□
（5）更新生产/完工入库	□	□	□	□
（6）厂房租售处理	□	□	□	□
（7）投资新生产线/生产线改造/变卖生产线	□	□	□	□
（8）向其他企业购买原材料/出售原材料	□	□	□	□
（9）开始下一批生产	□	□	□	□
（10）更新应收款/应收款收现	□	□	□	□
（11）产品研发投资	□	□	□	□
（12）按订单交货	□	□	□	□
（13）支付行政管理费用	□	□	□	□
（14）季末现金对账	□	□	□	□

每年年末：
（1）申请长期贷款/更新长期贷款/支付利息   □
（2）支付设备维护费   □
（3）支付租金/购买厂房   □
（4）计提折旧   □
（5）新市场开拓投资/ISO 资格认证投资   □
（6）关账   □

第4年订单

项 目	1	2	3	4	5	6	合 计
市场							
产品名称							
账期/Q							
交货期/Q							
单价/M							
订单数量/个							
订单销售额/M							
成本/M							
毛利/M							

第4年的现金流量表

M

项 目	一季度	二季度	三季度	四季度
应收款到期（+）				
变卖生产线（+）				
变卖原材料/产品（+）				
变卖厂房（+）				
短期贷款（+）				
高利贷贷款（+）				
长期贷款（+）				
收入总计				
支付上年应交税				
广告费				
贴现费用				
归还短贷及利息				
归还高利贷及利息				
原材料采购支付现金				
成品采购支付现金				
设备改造费				
生产线投资				
加工费用				
产品研发				
行政管理费				
长期贷款及利息				
设备维护费				
租金				
购买新建筑				
市场开拓投资				
ISO认证投资				
其他				
支出总计				
现金余额				

第4年的财务报表

资产负债表　　　　M

资　产	年初数	期末数	负债及所有者权益	年初数	期末数
流动资产：			负债：		
现金			短期负债		
应收账款			应付账款		
原材料			应交税金		
产成品			长期负债		
在制品					
流动资产合计			负债合计		
固定资产：			所有者权益：		
土地建筑原价			股东资本		
机器设备净值			以前年度利润		
在建工程			当年净利润		
固定资产合计			所有者权益合计		
资产总计			负债及所有者权益总计		

综合管理费用明细表　　M

项　目	金　额
行政管理费	
广告费	
设备维护费	
设备改造费	
租金	
产品研发	
市场开拓	
ISO 认证	
其他	
合　计	

利润表　　M

项　目	去　年	今　年
一、销售收入		
减：成本		
二、毛利		
减：综合费用		
折旧		
财务净损益		
三、营业利润		
加：营业外净收益		
四、利润总额		
减：所得税		
五、净利润		

关键指标计算：

销售利润率＝营业利润÷销售额＝

— 25 优秀
— 20
— 15 良好
— 10 中等
— 5 差

总资产周转率＝销售额÷总资产＝

说明：总资产周转率越高，代表企业利用资产创造销售的效率越高，企业运营所需资本越少。

毛利率＝毛利÷销售额＝

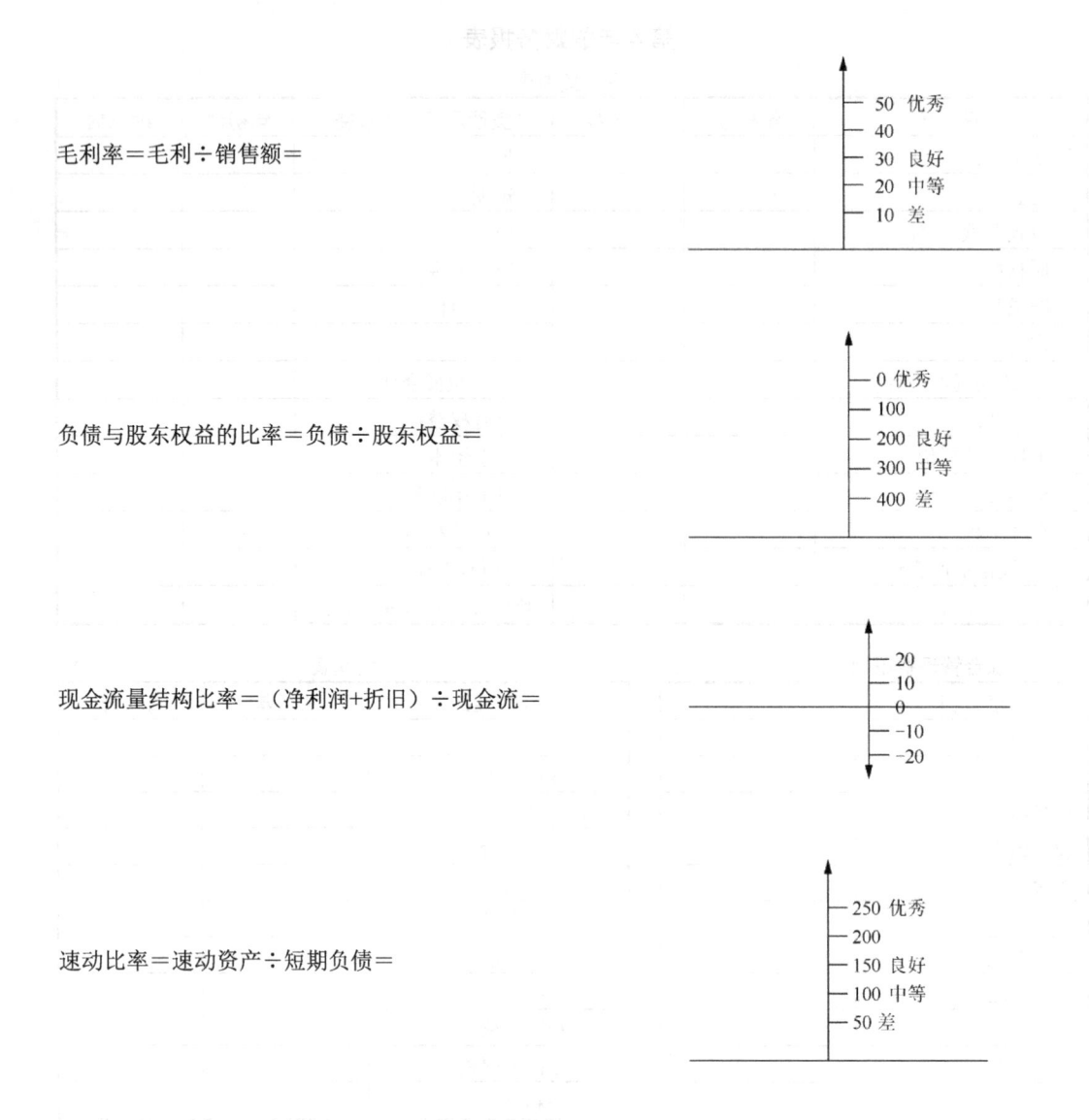

```
— 50 优秀
— 40
— 30 良好
— 20 中等
— 10 差
```

负债与股东权益的比率＝负债÷股东权益＝

```
— 0 优秀
— 100
— 200 良好
— 300 中等
— 400 差
```

现金流量结构比率＝（净利润+折旧）÷现金流＝

```
— 20
— 10
— 0
— -10
— -20
```

速动比率＝速动资产÷短期负债＝

```
— 250 优秀
— 200
— 150 良好
— 100 中等
— 50 差
```

第 5 年

重要决策

一季度	二季度	三季度	四季度	年　底

现金预算表

项　目	一季度	二季度	三季度	四季度
期初现金（+）				
变卖生产线（+）				
变卖原材料/产品（+）				
变卖厂房（+）				
应收款到期（+）				
支付上年应交税				
广告费投入				
贴现费用				
利息（短期贷款）				
支付到期短期贷款				
原材料采购支付现金				
设备改造费				
生产线投资				
生产费用				
产品研发投资				
支付行政管理费用				
利息（长期贷款）				
支付到期长期贷款				
设备维护费用				
租金				
购买新建筑				
市场开拓投资				
ISO 认证投资				
其他				
现金余额				
需要新贷款				

产能预估

生产线类型	产品名称	一季度	二季度	三季度	四季度
生产线 1					
生产线 2					
生产线 3					
生产线 4					
生产线 5					
生产线 6					
生产线 7					
生产线 8					

ERP 沙盘模拟经营

生产计划与物料需求计划

产品：　　　　　　　　　　　　　　　生产线类型：

项　目	去　年				今　年			
	一季度	二季度	三季度	四季度	一季度	二季度	三季度	四季度
产出计划								
投产计划								
原材料需求								
原材料采购								

产品：　　　　　　　　　　　　　　　生产线类型：

项　目	去　年				今　年			
	一季度	二季度	三季度	四季度	一季度	二季度	三季度	四季度
产出计划								
投产计划								
原材料需求								
原材料采购								

产品：　　　　　　　　　　　　　　　生产线类型：

项　目	去　年				今　年			
	一季度	二季度	三季度	四季度	一季度	二季度	三季度	四季度
产出计划								
投产计划								
原材料需求								
原材料采购								

产品：　　　　　　　　　　　　　　　生产线类型：

项　目	去　年				今　年			
	一季度	二季度	三季度	四季度	一季度	二季度	三季度	四季度
产出计划								
投产计划								
原材料需求								
原材料采购								

产品：　　　　　　　　　　　　　　　生产线类型：

项　目	去　年				今　年			
	一季度	二季度	三季度	四季度	一季度	二季度	三季度	四季度
产出计划								
投产计划								
原材料需求								
原材料采购								

采购计划汇总

原 材 料	一季度	二季度	三季度	四季度
M1				
M2				
M3				
M4				

任务清单

每年年初：（根据提示，完成部分打钩）

（1）研究商业新闻　　　　　　　　　　□
（2）支付应付税（根据上年度结果）　　□
（3）支付广告费　　　　　　　　　　　□
（4）登记销售订单　　　　　　　　　　□

每个季度：	一季度	二季度	三季度	四季度
（1）申请短期贷款/更新短期贷款/还本付息	□	□	□	□
（2）更新应付款/归还应付款	□	□	□	□
（3）更新原材料订单/原材料入库	□	□	□	□
（4）下原材料订单	□	□	□	□
（5）更新生产/完工入库	□	□	□	□
（6）厂房租售处理	□	□	□	□
（7）投资新生产线/生产线改造/变卖生产线	□	□	□	□
（8）向其他企业购买原材料/出售原材料	□	□	□	□
（9）开始下一批生产	□	□	□	□
（10）更新应收款/应收款收现	□	□	□	□
（11）产品研发投资	□	□	□	□
（12）按订单交货	□	□	□	□
（13）支付行政管理费用	□	□	□	□
（14）季末现金对账	□	□	□	□

每年年末：

（1）申请长期贷款/更新长期贷款/支付利息　　□
（2）支付设备维护费　　　　　　　　　　　　□
（3）支付租金/购买厂房　　　　　　　　　　　□
（4）计提折旧　　　　　　　　　　　　　　　□
（5）新市场开拓投资/ISO 资格认证投资　　　　□
（6）关账　　　　　　　　　　　　　　　　　□

第 5 年订单

项 目	1	2	3	4	5	6	合 计
市场							
产品名称							
账期/Q							
交货期/Q							
单价/M							
订单数量/个							
订单销售额/M							
成本/M							
毛利/M							

第 5 年的现金流量表

项 目	一季度	二季度	三季度	四季度
应收款到期（+）				
变卖生产线（+）				
变卖原材料/产品（+）				
变卖厂房（+）				
短期贷款（+）				
高利贷贷款（+）				
长期贷款（+）				
收入总计				
支付上年应交税				
广告费				
贴现费用				
归还短贷及利息				
归还高利贷及利息				
原材料采购支付现金				
成品采购支付现金				
设备改造费				
生产线投资				
加工费用				
产品研发				
行政管理费				
长期贷款及利息				
设备维护费				
租金				
购买新建筑				
市场开拓投资				
ISO 认证投资				
其他				
支出总计				
现金余额				

第 5 年的财务报表

资产负债表　M

资　产	年初数	期末数	负债及所有者权益	年初数	期末数
流动资产：			负债：		
现金			短期负债		
应收账款			应付账款		
原材料			应交税金		
产成品			长期负债		
在制品					
流动资产合计			负债合计		
固定资产：			所有者权益：		
土地建筑原价			股东资本		
机器设备净值			以前年度利润		
在建工程			当年净利润		
固定资产合计			所有者权益合计		
资产总计			负债及所有者权益总计		

综合管理费用明细表　M

项　目	金　额
行政管理费	
广告费	
设备维护费	
设备改造费	
租金	
产品研发	
市场开拓	
ISO 认证	
其他	
合　计	

利润表　M

项　目	去　年	今　年
一、销售收入		
减：成本		
二、毛利		
减：综合费用		
折旧		
财务净损益		
三、营业利润		
加：营业外净收益		
四、利润总额		
减：所得税		
五、净利润		

第 6 年

重要决策

一季度	二季度	三季度	四季度	年　底

现金预算表

项　目	一季度	二季度	三季度	四季度
期初现金（+）				
变卖生产线（+）				
变卖原材料/产品（+）				
变卖厂房（+）				
应收款到期（+）				
支付上年应交税				
广告费投入				
贴现费用				
利息（短期贷款）				
支付到期短期贷款				
原材料采购支付现金				
设备改造费				
生产线投资				
生产费用				
产品研发投资				
支付行政管理费用				
利息（长期贷款）				
支付到期长期贷款				
设备维护费用				
租金				
购买新建筑				
市场开拓投资				
ISO 认证投资				
其他				
现金余额				
需要新贷款				

产能预估

生产线类型	产品名称	一季度	二季度	三季度	四季度
生产线 1					
生产线 2					
生产线 3					
生产线 4					
生产线 5					
生产线 6					
生产线 7					
生产线 8					

生产计划与物料需求计划

产品：　　　　　　　　　　　　　　　　生产线类型：

项　目	去　年				今　年			
	一季度	二季度	三季度	四季度	一季度	二季度	三季度	四季度
产出计划								
投产计划								
原材料需求								
原材料采购								

产品：　　　　　　　　　　　　　　　　生产线类型：

项　目	去　年				今　年			
	一季度	二季度	三季度	四季度	一季度	二季度	三季度	四季度
产出计划								
投产计划								
原材料需求								
原材料采购								

产品：　　　　　　　　　　　　　　　　生产线类型：

项　目	去　年				今　年			
	一季度	二季度	三季度	四季度	一季度	二季度	三季度	四季度
产出计划								
投产计划								
原材料需求								
原材料采购								

产品：　　　　　　　　　　　　　　　　生产线类型：

项　目	去　年				今　年			
	一季度	二季度	三季度	四季度	一季度	二季度	三季度	四季度
产出计划								
投产计划								
原材料需求								
原材料采购								

产品：　　　　　　　　　　　　　　　　生产线类型：

项　目	去　年				今　年			
	一季度	二季度	三季度	四季度	一季度	二季度	三季度	四季度
产出计划								
投产计划								
原材料需求								
原材料采购								

采购计划汇总

原 材 料	一季度	二季度	三季度	四季度
M1				
M2				
M3				
M4				

任务清单

每年年初：（根据提示，完成部分打钩）
（1）研究商业新闻　　　　　　　　　　□
（2）支付应付税（根据上年度结果）　　□
（3）支付广告费　　　　　　　　　　　□
（4）登记销售订单　　　　　　　　　　□

每个季度：	一季度	二季度	三季度	四季度
（1）申请短期贷款/更新短期贷款/还本付息	□	□	□	□
（2）更新应付款/归还应付款	□	□	□	□
（3）更新原材料订单/原材料入库	□	□	□	□
（4）下原材料订单	□	□	□	□
（5）更新生产/完工入库	□	□	□	□
（6）厂房租售处理	□	□	□	□
（7）投资新生产线/生产线改造/变卖生产线	□	□	□	□
（8）向其他企业购买原材料/出售原材料	□	□	□	□
（9）开始下一批生产	□	□	□	□
（10）更新应收款/应收款收现	□	□	□	□
（11）产品研发投资	□	□	□	□
（12）按订单交货	□	□	□	□
（13）支付行政管理费用	□	□	□	□
（14）季末现金对账	□	□	□	□

每年年末：
（1）申请长期贷款/更新长期贷款/支付利息　　□
（2）支付设备维护费　　　　　　　　　　　　□
（3）支付租金/购买厂房　　　　　　　　　　□
（4）计提折旧　　　　　　　　　　　　　　　□
（5）新市场开拓投资/ISO 资格认证投资　　　□
（6）关账　　　　　　　　　　　　　　　　　□

第 6 年订单

项　　目	1	2	3	4	5	6	合　计
市场							
产品名称							
账期/Q							
交货期/Q							
单价/M							
订单数量/个							
订单销售额/M							
成本/M							
毛利/M							

第 6 年的现金流量表　　　　　　　　　　　　　　　M

项　　目	一季度	二季度	三季度	四季度
应收款到期（+）				
变卖生产线（+）				
变卖原材料/产品（+）				
变卖厂房（+）				
短期贷款（+）				
高利贷贷款（+）				
长期贷款（+）				
收入总计				
支付上年应交税				
广告费				
贴现费用				
归还短贷及利息				
归还高利贷及利息				
原材料采购支付现金				
成品采购支付现金				
设备改造费				
生产线投资				
加工费用				
产品研发				
行政管理费				
长期贷款及利息				
设备维护费				
租金				
购买新建筑				
市场开拓投资				
ISO 认证投资				
其他				
支出总计				
现金余额				

第 6 年的财务报表

资产负债表　　　　　　　　　　　　　　　　　　　　　　　　　　M

资　产	年初数	期末数	负债及所有者权益	年初数	期末数
流动资产：			负债：		
现金			短期负债		
应收账款			应付账款		
原材料			应交税金		
产成品			长期负债		
在制品					
流动资产合计			负债合计		
固定资产：			所有者权益：		
土地建筑原价			股东资本		
机器设备净值			以前年度利润		
在建工程			当年净利润		
固定资产合计			所有者权益合计		
资产总计			负债及所有者权益总计		

综合管理费用明细表　　　M

项　目	金　额
行政管理费	
广告费	
设备维护费	
设备改造费	
租金	
产品研发	
市场开拓	
ISO 认证	
其他	
合　计	

利润表　　　　　　　　　　M

项　目	去　年	今　年
一、销售收入		
减：成本		
二、毛利		
减：综合费用		
折旧		
财务净损益		
三、营业利润		
加：营业外净收益		
四、利润总额		
减：所得税		
五、净利润		

参 考 文 献

[1] 金蝶公司．电子沙盘——三维企业模拟经营系统教师授课手册，2010．
[2] 金蝶公司．电子沙盘——三维企业模拟经营系统学生操作手册，2010．
[3] 黄娇丹，毛华扬．金蝶ERP沙盘模拟经营实验教程[M]．北京：清华大学出版社，2010．
[4] 叶剑明．ERP沙盘模拟实战[M]．北京：中国财政经济出版社，2011．
[5] 刘良惠．ERP沙盘博弈对抗实验教程[M]．北京：清华大学出版社，2011．
[6] 崔晓阳．ERP123[M]．北京：清华大学出版社，2016．
[7] 王新玲，柯明，耿锡润．ERP沙盘模拟学习指导书[M]．北京：电子工业出版社，2007．
[8] 路晓辉．ERP制胜[M]．北京：清华大学出版社，2005．
[9] 柳中冈．漫话ERP[M]．北京：清华大学出版社，2005．
[10] 周玉清，柳伯莹．ERP与企业管理[M]．北京：清华大学出版社，2005．
[11] 杨静．ERP沙盘模拟经营项目教程[M]．北京：清华大学出版社，2014．

尊敬的老师：

　　您好。

　　请您认真、完整地填写以下表格的内容(务必填写每一项)，索取相关图书的教学资源。

教学资源索取表

书　名				作者名	
姓　名		所在学校			
职　称		职　务		职　称	
联系方式	电　话		E-mail		
	QQ号		微信号		
地址（含邮编）					
贵校已购本教材的数量（本）					
所需教学资源					
系/院主任姓名					

系／院主任：_____（签字）

（系／院办公室公章）

20＿＿＿年＿＿＿月＿＿＿日

注意：

① 本配套教学资源仅向购买了相关教材的学校老师免费提供。

② 请任课老师认真填写以上信息，并请系/院加盖公章，然后传真到（010）80115555 转 718438 索取配套教学资源。也可将加盖公章的文件扫描后，发送到 fservice@126.com 索取教学资源。欢迎各位老师扫码关注我们的微信号和公众号，随时与我们进行沟通和互动。

③ 个人购买的读者，请提供含有书名的购书凭证，如发票、网络交易信息，以及购书地点和本人工作单位来索取。

微信号　　　　　　　　　　　　　公众号

中国工信出版集团　　电子工业出版社
PUBLISHING HOUSE OF ELECTRONICS INDUSTRY

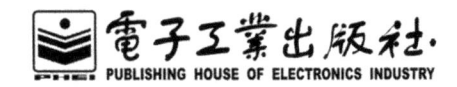